SIMON DE SAINT-QUENTIN

HISTOIRE DES TARTARES

DOCUMENTS RELATIFS A L'HISTOIRE DES CROISADES

PUBLIÉS PAR

L'ACADÉMIE DES INSCRIPTIONS ET BELLES-LETTRES

VIII

SIMON DE SAINT-QUENTIN

HISTOIRE DES TARTARES

PUBLIÉE PAR

JEAN RICHARD

PARIS

LIBRAIRIE ORIENTALISTE PAUL GEUTHNER

12, RUE VAVIN (VIe)

—

1965

INTRODUCTION

I. — LE TEXTE

Le texte originel et complet de l'*Historia Tartarorum*, écrite par Simon de Saint-Quentin, s'est perdu. Mais Vincent de Beauvais, traitant des Mongols dans son *Speculum historiale*, déclare s'être servi de deux auteurs qui paraissent avoir été ses sources uniques sur cette question : Jean de Plancarpin et Simon de Saint-Quentin. Nous reproduisons à la fin de cette introduction les deux passages où l'encyclopédiste s'explique sur ce point (livre XXXII, chapitres 2 et 25).

Vincent de Beauvais a procédé, à son habitude, par des extraits et non en exploitant les textes pour une narration de son cru ; mais, s'il a reproduit presque littéralement des passages de ces auteurs, il n'a pas copié leur œuvre in extenso. Les extraits qu'il en donne sont mélangés pour répondre au plan adopté dans le *Speculum*, plan approximativement chronologique. Entremêlant passages empruntés à Plancarpin et passages empruntés à Simon, Vincent a pris soin de donner des références : *frater Symon, ex libello fratris Symonis, ex historia Tartarorum* signalent les emprunts faits à l'ouvrage de Simon de Saint-Quentin. Mais ces références ne suffisent pas à distinguer ce qui, dans la narration du *Speculum historiale*, provient de chacun des deux auteurs.

Nous avons en effet à notre disposition le texte complet de l'*Historia Mongalorum* rédigée par Jean de Plancarpin[1]. Il semble-

1. Texte publié par A. d'Avezac, *Relation des Mongols ou Tartares*, Paris, 1838, in-8°, et par le P. A. Van den Wyngaert, *Sinica Franciscana*, t. I, Quaracchi, 1929, in-4°, pp. 1-130. Cf. Denis Sinor, *John of*

rait relativement aisé de reconnaître les passages empruntés par Vincent à Simon de Saint-Quentin en éliminant du texte du *Speculum*, lorsqu'il traite des Mongols, tout ce qui provient de l'*Historia Mongalorum*.

C'est le procédé qu'ont employé aussi bien Fr. Zarncke[1] que C. R. Beazley[2], E. Boutaric[3], A. Molinier[4] et finalement P. Pelliot[5], qui se sont attachés à cette question. Et, dans l'absence de tout autre texte qui ait utilisé l'*Historia Tartarorum*, il ne semble pas qu'une autre méthode puisse donner des résultats. Mais, pour qu'elle pût être appliquée avec une parfaite efficacité, il faudrait que Vincent de Beauvais se fût astreint à juxtaposer des chapitres copiés textuellement dans l'ouvrage de Plancarpin à d'autres, reproduits sans changement d'après le livre de Simon. Or, tel n'est pas le cas : l'auteur du *Speculum* ne s'est pas fait faute de contaminer les sources qu'il avait à sa disposition, et, dans un chapitre que sa référence attribue formellement à Plancarpin, il n'est pas rare de trouver des phrases qui ne proviennent pas de ce dernier[6]. Dans ce cas, nous sommes tentés de les attribuer à Simon, sans nous dissimuler que certaines d'entre elles peuvent avoir été l'œuvre personnelle de Vincent de Beauvais.

Compte tenu de ces difficultés, nous avons retenu comme empruntés à Simon de Saint-Quentin les passages que P. Pelliot avait reconnus comme tels[7]. Toutefois, il nous a paru possible d'ajouter à cette liste :

Plano Carpini's return from the Mongols. New light from a Luxemburg manuscript, dans *Journal of the Royal Asiatic Society*, 1957, pp. 193-206.

1. *Der Priester Johannes*, 2e livraison, p. 64 (*Abhandl. der kgl. sächs. Gesellschaft der Wissenschaften*, Phil.-hist. Klasse, VIII, 1883).

2. *The texts and versions of John de Planocarpini and William de Rubruquis*, London, Hakluyt Society, 1903, in-8°, pp. 267-270.

3. *Recherches sur les Sources du* Speculum historiale, ms. aux archives de l'Académie des Inscriptions, prix Bordin, 1863.

4. *Études sur les trois derniers livres du Miroir historial*, ms. des mêmes archives, prix Bordin extr., 1905.

5. *Les Mongols et la Papauté*, dans *Revue de l'Orient chrétien*, t. XXIII, 1923, pp. 3-33 ; XXIV, 1924, pp. 225-235 et XXVIII, 1931-1932, pp. 3-84. C'est dans le tome XXIV que l'ouvrage de Simon de Saint-Quentin est particulièrement étudié.

6. Cf. XXX, 85.

7. P. Pelliot, *art. cité*, t. XXIV, pp. 276-280 (80-84 du tiré à part).

1º La fin du chapitre 89 du livre XXX, concernant la vérification par les Dominicains de Tiflis d'une légende répandue par l'*Historia scolastica* de Pierre le Mangeur. Molinier attribuait l'ensemble du chapitre à Pierre le Mangeur lui-même ; mais l'intervention des Dominicains établis en Géorgie ne peut être parvenue à la connaissance de Vincent que par Simon de Saint-Quentin.

2º Le chapitre 53 du livre XXXII *(De quibusdam miraculis per signum crucis inter Turcos exhibitis)*, qui est placé immédiatement à la suite de la phrase *Hec de Tartarorum gestis et itinere fratrum Praedicatorum et Minorum ad exercitus eorum ad presens dicta sufficiat*, paraît cependant procéder de données recueillies par le même Simon. Les miracles dont il est question sont datés de 1247, donc antérieurs à la rédaction de l'*Historia Tartarorum* ; et notre auteur rapporte ailleurs (XXXI, 141) un autre miracle survenu en Turquie. Et ce n'est qu'au chapitre 54 que Vincent commence à utiliser une autre source : le rapport envoyé par le patriarche Aymar le Moine au pape Innocent III.

Reste à savoir dans quelle mesure les passages extraits par Vincent de l'*Historia Tartarorum* représentent avec fidélité le texte de Simon. Il faut noter que le *Speculum historiale* a fort maltraité celui de Plancarpin ; il est douteux que la narration de frère Simon ait été utilisée avec moins de liberté. Nous aurons l'occasion de voir quelle incertitude plane sur le plan primitif de l'*Historia Tartarorum.*

Du fait que seul Vincent de Beauvais nous a transmis des éléments du texte de cette *Historia*[1], les manuscrits que nous avons eu à utiliser en vue de cette édition sont ceux du *Speculum historiale.* C'est dire que leur grand nombre nous a interdit de leur consacrer une étude approfondie : nous ne nous proposons pas ici d'établir une édition critique du *Speculum*, mais seulement de reproduire, dans la mesure du possible, ce que Vincent de Beauvais a emprunté à Simon de Saint-Quentin. Et, de ce fait, nous avons

1. P. Pelliot a relevé la seule mention, indépendante des références au *Speculum historiale*, qui paraisse faire allusion à l'œuvre de Simon de Saint-Quentin, dans un sermon de Frédéric Visconti, postérieur à 1254 (*Les Mongols et la Papauté*, t. XXIV, p. 272 — 76 du tiré à part —, n. 1).

cherché uniquement à reconnaître les manuscrits qui peuvent nous donner le plus fidèlement le texte de ces emprunts.

Pour texte de base, des raisons de commodité nous ont amené à adopter celui de l'édition du *Speculum* publiée en 1473, à Strasbourg, par Jean Mentelin, et que nous désignerons par le sigle *E*. Cette édition offre d'ailleurs le caractère d'une édition critique, résultant de la collation de plusieurs manuscrits[1].

En vue de l'établissement du texte, nous l'avons rapprochée des manuscrits suivants, conservés à la Bibliothèque Nationale :

— Latin 4900 (*A*), excellente copie de la fin du xiiie siècle, dont le texte est très voisin de celui du ms. latin 11728, lequel est daté de 1267 ;

— Latin 4898 (*B*), texte copié à la fin du xiiie siècle ou au début du xive, et généralement assez proche de *A* ;

— Latin 17550 (*C*), également copié à la fin du xiiie siècle. Ce manuscrit présente un intérêt particulier : il appartient, semble-t-il, à une première rédaction du *Speculum historiale*, rédaction qui comprenait 31 livres alors que la rédaction définitive en comptait 32[2], et qui se distingue de cette dernière par l'absence de certains chapitres que Vincent de Beauvais introduisit par la suite dans son *Speculum*[3]. Peut-être ce manuscrit appartient-il à la famille de celui que Vincent de Beauvais offrit à saint Louis en 1245[4].

1. Nous devons cette indication à M. B. L. Ullman, professeur à l'University of North Carolina, qui a bien voulu nous faire bénéficier de sa connaissance des manuscrits de Vincent de Beauvais. — L'utilisation de *E* comme texte de base peut prêter à discussion, certaines graphies étant plus conformes à l'usage du xve siècle qu'à celui du xiiie. Mais, de toute façon, le *Speculum* nous donne les graphies de Vincent de Beauvais et non celles de Simon.

2. L'édition de Douai, dont nous parlerons plus loin, et les manuscrits dont elle procède ne comportent également que 31 livres. Mais c'est parce que le premier livre, consacré à la conception de l'histoire et au plan du *Miroir historial*, n'y figure pas. Pour le reste, la répartition des chapitres entre les livres et leur contenu sont identiques à ce que présentent les manuscrits de la rédaction définitive.

3. Ainsi le chapitre XXX, 23, traitant de la vie de sainte Aupaïs, le chapitre XXXI, 126 *(De reditu regni Francorum ad stirpem Karoli)* et la partie du chapitre XXXI, 138, empruntée à la vie de Jourdain de Saxe, sont absents du ms. latin 17550.

4. Cf. C. Oursel, *Un exemplaire du « Speculum majus » de Vincent de Beauvais provenant de la bibliothèque de saint Louis*, dans *Bibl. de l'École*

Le manuscrit *C* offre quelques variantes notables dans les chapitres qui nous intéressent. Mais ces variantes n'apportent rien à
notre connaissance de l'œuvre de Simon de Saint-Quentin : il
apparaît que, dans la rédaction définitive, Vincent de Beauvais
a éliminé de ces chapitres des passages qui se trouvaient reproduits
textuellement en un autre endroit de son *Speculum*, alors qu'il
avait introduit de ces doublets dans la première rédaction — ce
qui est précieux pour nous permettre de savoir comment il avait
traité l'ouvrage qu'il utilisait —. Ce manuscrit présentant souvent
des leçons moins correctes que les autres, il nous a paru impossible de l'adopter pour texte de base ; nous nous sommes contenté
d'incorporer à notre édition certaines des leçons qui lui sont
propres.

Il nous a paru utile de rapprocher de ces manuscrits l'édition
du *Speculum* publiée à Douai en 1624, et que nous avons affectée
du sigle *D*. Elle appartient également à la recension définitive,
bien que les livres soient numérotés différemment (les numéros
attribués aux chapitres, à l'intérieur de chaque livre, sont identiques
à ceux de *A*, *B* et *E*)[1]. La tradition dont elle procède est d'ailleurs
une tradition ancienne : on peut en rapprocher l'édition des chapitres tirés de l'*Historia Tartarorum* par Vincent de Beauvais telle

des Chartes, t. LXXXV, 1924, p. 251-262 : ce manuscrit (Bibl. munic.
Dijon, 568) contient la première partie du *Speculum historiale* dont Vincent
n'avait rédigé, en 1245, que les livres antérieurs au règne de Valentinien.
Il fut complété très vite (le ms. Dijon 569 paraît être de la même main).
Mais le ms. 569 ne dépasse pas le livre XXIII. Le ms. latin 17550 comprend
les livres XVI à XXXII. Les historiens du texte de Vincent de Beauvais
pourront dire si les leçons des livres XVI à XXIII figurant dans ces deux
manuscrits présentent entre elles des ressemblances qui permettraient
d'y reconnaître un texte identique, et différent de celui des manuscrits
dont procède l'édition de Mentelin. Quant aux derniers livres, qui devaient
figurer dans un autre volume du *Speculum historiale* conservé à la bibliothèque de Royaumont avec les ms. Dijon 568 et 569, ils ont disparu,
et c'est dans ces livres que se trouvent les chapitres relatifs à l'histoire des Tartares, lesquels n'ont pas pu être copiés dans cet ouvrage
avant 1248.
1. Le livre XXIX de l'édition de Douai est le livre XXX de Mentelin
et de la plupart des manuscrits ; les livres XXX et XXXI de Douai
correspondent respectivement aux livres XXXI et XXXII de ces textes.
Nous avons adopté la numérotation des livres telle que la donne l'édition
de Mentelin.

qu'elle figure dans le *Chronicorum opus* de saint Antonin de Florence, mort en 1459[1].

Les textes que nous avons cités, *C* excepté, paraissent se répartir en deux familles. A la première, nous attribuerions *A*, *B* et d'autres manuscrits (tels les manuscrits latins 11728, 16016, etc., de la Bibliothèque Nationale) ; à la seconde, *D*, *E* et le manuscrit latin 4901 de la même bibliothèque[2]. Ce dernier groupe semble procéder d'un archétype exécuté au XIIIe siècle et colligé avec soin : le scribe a cherché à unifier les graphies des noms orientaux, que les manuscrits de l'autre famille écrivent avec une certaine fantaisie[3].

Ces quelques remarques ne sauraient remplacer l'établissement d'un *stemma* qu'il nous est difficile de reconstituer d'après le petit nombre de manuscrits utilisés. Mais elles expliqueront pourquoi nous avons tenu à relever les variantes des textes choisis par nous en raison de leur tradition différente, sans que nous puissions dire laquelle de ces traditions se rapproche le plus du texte originel du *Speculum*. Entre le texte que nous avons reconstitué et celui de Simon de Saint-Quentin s'interposent toujours la copie de Vincent de Beauvais et les remaniements qu'il a jugé nécessaires : nous ne pouvons pas espérer retrouver avec certitude les leçons de l'*Historia Tartarorum*.

II. — L'AUTEUR ET L'ŒUVRE

Simon de Saint-Quentin ne nous est connu que par son œuvre, et ce que nous possédons de celle-ci ne nous apporte guère d'informations sur son auteur. Nous savons seulement qu'il fit partie de la mission dominicaine qui, sous la direction de frère Ascelin, atteignit en 1247 le camp du général mongol Baiju où elle passa deux mois.

Il est toutefois possible d'aller plus loin. Simon était certaine-

1. Éd. P. Maturi, Lyon, 1587, 3 vol. in-f°, t. III, pp. 123-126 et 141-155.
2. Sans doute copie d'étudiant, assez fautive, du XIIIe siècle.
3. Ces textes ont en commun un certain nombre d'inversions ; ils écrivent d'ordinaire *Cuyne* le nom du grand-khan Güyük, que les autres manuscrits transcrivent plus correctement *Cuyuc*.

ment un des missionnaires dominicains appartenant aux provinces de Terre Sainte et de Grèce, et, plus probablement, à la première de celles-ci. En effet, à la différence de ses compagnons de voyage partis d'Occident, son voyage ne dura que deux ans et six semaines[1] ; et il semble qu'il accompagna la mission jusqu'en Europe, puisque c'est lui qui rédigea le récit qui devait sans doute être mis sous les yeux du pape. Il est possible qu'Ascelin, chef de la mission envoyée aux Tartares, l'ait pris en passant dans un couvent de Chypre ou d'Acre, vers le mois de juillet 1246.

Très probablement, il devait son choix à sa connaissance des langues orientales : en effet, le chapitre XXXII, 47 nous montre les lettres pontificales traduites du latin en persan par des interprètes grecs et turcs *et etiam a fratribus*. Il est douteux que ce soit Ascelin — lequel était peut-être originaire de Crémone et sous-prieur des Dominicains d'Avignon[2] — ou les frères Alexandre et Albert, qui aient été à même d'agir de la sorte. Par contre Guichard de Crémone, qui venait du couvent de Tiflis, était familier avec les langues de l'Orient, et il faut admettre que Simon l'était aussi. Des indices ténus permettent de penser qu'il avait longtemps vécu en Terre Sainte[3], si même il n'en était pas originaire[4] ; il est vraisemblable qu'il avait appartenu au couvent établi à Jérusalem dès avant 1237, ou à un autre couvent de la province de Terre Sainte.

Il est difficile d'aller plus loin : l'identification, que l'on a tentée, avec le Dominicain Simon qui obtint de traverser les lignes des

1. Ascelin, qui avait été chargé par le pape de sa mission en mars 1245, y passa trois ans et six mois ; Alexandre et Albert, choisis sans doute au passage dans les couvents de Provence et d'Italie, n'y passèrent pas tout à fait aussi longtemps. Cf. p. 113, n. 1.

2. Cf. p. 94, n. 4.

3. Simon emploie des expressions qui appartiennent à la langue française de Terre Sainte : « pithaires » (cf. XXXI, 144), « rotes » (XXXI, 143), le premier de ces mots désignant des jarres, le second une unité de poids.

4. Le 19 mai 1264, un chanoine de Lydda, Jacques de Saint-Quentin, devait être pourvu par Urbain IV d'un canonicat à Beyrouth (*Registres d'Urbain IV*, éd. Guiraud, n° 1983) ; mais la qualification de clerc du pape qui lui est donnée dans un acte de 1263 passé à Acre ne permet pas de savoir s'il était un Franc de Terre Sainte (Röhricht, *Regesta Regni Hierosolymitani*, n° 1323). Un Gautier de Saint-Quentin figurait parmi les hommes de Balian d'Ibelin le Vieux en 1148 (*ibid.*, n° 252).

Khwârizmiens pour réconforter la population de Jérusalem, en 1244, est tentante, mais ne peut être prouvée[1]. Un autre Simon était en 1244 prieur du couvent dominicain de Constantinople[2] : on pourrait penser à lui au cas où la mission d'Ascelin ne serait pas passée par Acre, l'Arménie et la Turquie, mais par Constantinople et l'Anatolie septentrionale.

Ce que nous savons mieux, c'est que Simon recueillit des informations auprès de personnages qui vivaient depuis longtemps en Orient. Parmi eux figurait un mercenaire latin, au service du seigneur arménien de Lampron, que Simon appelle « le Provençal » *(Provincialis)*, et qui lui a donné des indications sur les rapports entre Turcs et Tartares (XXXII, 28) ; sans doute aussi lui a-t-il parlé des mercenaires latins au service du sultan de Turquie[3]. D'autre part les envoyés du pape s'adjoignirent en Géorgie un frère du couvent de Tiflis, Guichard de Crémone, qui connaissait les mœurs des Mongols. Le couvent de Tiflis, fondé en 1240, était alors le poste fixe des Dominicains le plus avancé en terre d'Orient[4], et Guichard, qui y résidait depuis sa fondation, était sans doute à même de fournir à Simon ce que celui-ci nous rapporte de la vie religieuse des Géorgiens et des Arméniens, ainsi que de la vie de la Géorgie sous la domination mongole.

Si, de l'auteur, nous passons à l'œuvre, force nous est de reconnaître que nous ne connaissons guère que le titre de celle-ci. Vincent de Beauvais l'appelle, en deux endroits, *Historia Tartarorum* (XXXI, 95 et 149) : il est probable que ce titre s'appliquait à la fois à la description des mœurs et de l'histoire des « Tartares » et au récit du voyage d'Ascelin et de ses compagnons, sans qu'il y

1. Berthold Altaner, *Die Dominikanermissionen des 13. Jhdts...*, Habelschwerdt, 1924, in-8°, p. 28 ; P. Pelliot, *op. cit.*, t. XXV, p. 291 (95 du tiré à part).

2. *Registres d'Innocent IV*, éd. Élie Berger, t. I, n° 707 (30 mai 1244). Un autre Simon, *socius* du patriarche de Jérusalem en 1277 (R. Röhricht, *Regesta regni Hierosolymitani*, Innsbruck, 1893, in-8°, n° 1414), pourrait être aussi cité.

3. Cf. J. Richard, *About an account of the battle of Hattin referring to the Frankish mercenaries in oriental Moslem states*, dans *Speculum*, t. XXVII, 1952, pp. 172-173.

4. Cf. B. Altaner, *ouvr. cité.*

ait lieu d'y voir un *Iter persicum fratris Anselini et sociorum suorum*[1] qui correspondrait au *libellus fratris Symonis*, lequel aurait été distinct de l'*Historia Tartarorum* proprement dite. Le texte de Vincent de Beauvais relatif à l'œuvre de Simon ne paraît pas permettre une telle interprétation.

La date de la rédaction est difficile à déterminer. Il est fait plus d'une fois allusion à la croisade de saint Louis, dont l'auteur paraît ignorer l'issue désastreuse ; aussi pensons-nous qu'il écrivait peu après le retour en Occident de la mission d'Ascelin, dès 1248.

Quant à l'économie du texte, elle nous échappe. C'est ce qui nous a amené à adopter, pour reproduire les passages empruntés à Simon par Vincent de Beauvais, l'ordre même où ils figurent dans le *Speculum*[2]. C'est d'ailleurs l'ordre adopté par les auteurs de plusieurs ouvrages analogues : Jean de Plancarpin et Ricoldo de Montecroce[3] présentent leur relation de voyage après avoir décrit les coutumes et l'histoire des Mongols[4]. Il est possible que, soucieux d'observer la *congruentia temporum*, Vincent ait inséré la partie descriptive, comme une digression, dans la partie historique

1. C'est le titre sous lequel le récit de voyage de Simon est cité dans R. Streit, *Bibliotheca missionum*, t. IV, Aachen, 1928, in-4°, p. 9. Cf. P. Pelliot, *art. cité*, t. XXV, pp. 274-275 (77-79 du tiré à part).

2. Sans doute est-ce d'après le *Speculum historiale* que Paulin de Venise a placé un chapitre *De victoriis Tartarorum et qualiter ceperunt dominari* avant de traiter des mœurs des Tartares et de leur histoire (*Satyrica gestarum rerum*, vers 1316-1334, éd. G. Golubovich dans *Biblioteca biobibliografica della Terra Santa...*, t. II, pp. 79 et suiv.).

3. Ricoldo décrit d'abord les mœurs des Tartares, puis leur histoire, avant de relater son propre voyage (Ugo Monneret de Villard, *Il libro della peregrinazione nelle parti d'Oriente di frate Ricoldo da Montecroce*, Roma, 1948, in-8° (*Institutum historicum FF. PP., Dissertationes historicae*, fasc. XIII).

4. Le plan adopté par Guillaume de Rubruck est assez voisin : une introduction sur les mœurs des Tartares précède la relation de voyage, que l'auteur truffe de remarques et de descriptions. — On ne peut retenir aucune indication du mémoire rédigé par David d'Ashby sous le titre *Les faits des Tartares* lequel, bien que perdu, est connu par son plan et un de ses chapitres (cf. C. Brunel, *David d'Ashby, auteur méconnu des Faits des Tartares*, dans *Romania*, t. LXXIX, 1958, pp. 39-46). Écrivant à l'occasion du concile de Lyon, l'auteur se préoccupe surtout de faire connaître les usages suivis par les Mongols pendant la guerre (il existe cependant en tête trois chapitres intitulés *Coment ilh vivent — Lor bestial — Coment ilh jugent*) : l'ouvrage reflète les débuts de la coopération militaire entre Francs et Mongols.

qui pouvait en être distincte. Mais Simon peut fort bien avoir intercalé dans sa narration des progrès de la conquête mongole ses chapitres relatifs aux Arméniens, aux Géorgiens et aux Turcs, tout comme il aurait traité des mœurs des Mongols aussitôt après le récit de leur apparition sur la scène historique. En d'autres termes, il nous est impossible de savoir si le *Speculum historiale* reflète le plan adopté par Simon de Saint-Quentin ou si Vincent de Beauvais a disloqué l'œuvre de Simon pour la plier au plan de son encyclopédie. Et nous ne savons comment s'insérait dans l'*Historia Tartarorum* la description du couronnement de Güyük et la liste des chefs des Tartares (XXXII, 32 et 34), que Vincent attribue formellement à cet ouvrage en les insérant au milieu de passages empruntés à Plancarpin.

Ceci contribue à nous donner l'impression que des parties importantes de l'œuvre de Simon n'ont pas été retenues dans le *Speculum historiale*. Tel est le cas du récit de voyage proprement dit : nous savons seulement que, du camp de Baiǰu à Acre, le voyage demandait cinquante-neuf jours (XXXII, 50). Mais il serait surprenant que Simon ne fût pas entré dans quelque détail sur le voyage de la mission à laquelle il appartenait : dans le *Speculum*, ce qui a trait à cette mission se réduit au séjour des Frères Prêcheurs dans le camp des Mongols, sans qu'il ait été question de leur envoi ni de l'itinéraire qu'ils avaient suivi. L'hypothèse la plus vraisemblable les ferait passer par Acre, Antioche, la Petite-Arménie[1], la Turquie seljoukide[2], la Grande-Arménie et la Géorgie (avec un passage par Tiflis à l'aller et au retour) pour aboutir au camp d'été des Mongols, dans la haute vallée de la Barkouchat, et à Tabriz. Un départ, ou un retour, par Constantinople est moins probable.

Il semble aussi que Simon avait dû donner sur la Géorgie des

1. C'est peut-être lorsqu'elle traversa la Cilicie que la mission d'Ascelin prit contact avec les mercenaires latins au service des barons arméniens.
2. L'abondance des notations relatives à la Turquie paraît témoigner en faveur de cette hypothèse. C'est sans doute à Qoniya même, pendant son voyage de retour, que Simon recueillit le récit rapporté dans XXXII, 53. La mention du *fluvius sive stagnum* figurant dans XXXI, 142, peut indiquer qu'il passa près du Touz Gheul. Sans doute suivit-il l'itinéraire du retour de Rubruck : Ani, Kamakh, Siwâs, Qaisariya, Qoniya (Rubruck gagna ensuite Gorighos, Sis et Antioche, avec un détour par Chypre).

informations plus amples que celles qui nous sont conservées : ce que nous possédons sur les Géorgiens, dans le texte qui nous est parvenu, est beaucoup moins développé que les chapitres relatifs aux Arméniens, alors que, sur les premiers, Guichard de Crémone a pu renseigner Simon de façon abondante. Mais Vincent de Beauvais avait pris ses données relatives à la Géorgie dans l'*Historia Orientalis* de Jacques de Vitry, où l'évêque d'Acre les avait placées à propos de l'arrivée d'une ambassade géorgienne au camp devant Damiette. C'est également en traitant de la cinquième croisade que Vincent présente ces données, en les enrichissant des éléments puisés dans l'*Historia Tartarorum* et concernant l'histoire ecclésiastique de la Géorgie, mêlés au récit de la conquête de ce pays par les Mongols (XXXI, 95-96). Et c'est au détour d'une phrase que nous voyons citer des barons géorgiens dont Simon avait presque certainement déjà parlé dans un passage que le *Speculum historiale* n'a pas retenu (XXXI, 150).

Il est très regrettable que l'œuvre de Simon nous soit parvenue ainsi mutilée. Car, si ce qu'il rapporte sur l'origine des Mongols est encombré de légendes et très inférieur aux données recueillies par Plancarpin, lequel avait séjourné en Mongolie, sa description de leurs mœurs ne manque pas d'intérêt, en dépit du parti pris d'hostilité qui l'anime[1]. Et ce qu'il nous apprend sur la conquête mongole et surtout sur le sort des peuples soumis dans les premières années de la conquête est de grande valeur. On ne saurait pas davantage négliger les informations qu'il nous donne sur l'Orient et surtout sur la Turquie seljoukide au milieu du XIIIe siècle : il s'agit là de données dont nous n'avons pas ailleurs l'équivalent, et les sources dont disposait Simon paraissent avoir été très sûres, puisqu'il a

---

1. Plancarpin, au contraire, oppose un chapitre *De bonis moribus Tartarorum* à un chapitre *De malis moribus eorum*. Encore Plancarpin, comme Simon, écrivait-il à l'époque où les Mongols étaient regardés comme les ennemis de la Chrétienté, tout prêts à envahir à nouveau l'Europe. L'attitude des auteurs change déjà au temps de Rubruck — lequel se déclare cependant tout disposé à prêcher la guerre contre les Tartares (chapitre 28) —, avec la perspective de la conversion des Tartares. Le premier écrit vraiment favorable aux Mongols est celui du Dominicain David d'Ashby, récemment retrouvé par M. Clovis Brunel (cf. p. 15, note), lequel emploie cependant encore l'expression de « malite gent » à leur propos.

bénéficié des récits des mercenaires latins, assez portés à la hâblerie sans doute, mais témoins oculaires des événements qu'ils racontaient.

Il en est de même en ce qui concerne la Géorgie et l'Arménie : les Dominicains de Tiflis, en contact continuel avec le milieu géorgien, le connaissaient bien et ont fait profiter Simon de leur familiarité avec le pays où ils vivaient. L'hostilité rituelle de l'église géorgienne à l'égard de celle d'Arménie a marqué les informations de notre auteur sur la situation religieuse des Arméniens. Mais c'est Simon de Saint-Quentin qui nous apporte les données les plus complètes que nous possédions sur le traité d'union entre l'église de Rome et celle d'Arménie, en 1198.

C'est dire que nous espérons qu'en dépit de l'utilisation déjà ancienne des fragments de l'*Historia Tartarorum*, connue à travers Vincent de Beauvais, l'édition que nous livrons aujourd'hui pourra rendre des services aux historiens, — mais sans prétendre à remplacer une édition intégrale qui ne serait possible que le jour où un manuscrit de Simon de Saint-Quentin pourrait être découvert et identifié. C'est alors seulement que nous pourrions savoir si notre Dominicain était aussi un voyageur curieux et capable de noter des faits vivants et pittoresques comme Rubruck ou Plancarpin.

III. — Les éditions

L'*Historia Tartarorum* ne semble pas avoir eu une grande diffusion, puisque, comme nous l'avons noté plus haut, une seule allusion à cet ouvrage comme à un livre indépendant a pu être relevée dans un sermon de peu postérieur à 1254. Le fait s'explique sans doute par l'insertion de chapitres empruntés à Simon de Saint-Quentin dans le *Speculum historiale* : les lecteurs qui disposaient ainsi d'une synthèse commode n'avaient pas lieu de rechercher le texte original du voyageur dominicain. Vincent de Beauvais ayant emprunté sa version des origines et de l'histoire des Mongols à l'*Historia Tartarorum*, c'est le récit de Simon qui, par l'intermédiaire du *Speculum*, devait être couramment adopté par les historiens postérieurs.

L'idée d'extraire de l'œuvre de Vincent les chapitres empruntés à Simon et à Plancarpin se fit jour dès le XIVe siècle, où la vogue des récits de voyage provoqua l'apparition de manuscrits où figuraient, à côté d'autres relations, les textes de ces deux auteurs tels qu'ils figuraient dans le *Speculum*[1]. Et, au XVe siècle, saint Antonin de Florence copia dans ses chroniques les chapitres consacrés au voyage des Dominicains et des Franciscains de 1245-1248 en même temps que ceux qui décrivaient les mœurs des Tartares[2].

Mais ce sont les relations de voyage proprement dites qui intéressèrent les éditeurs, lorsque l'imprimerie permit de les répandre plus largement. Comme Vincent s'était davantage attaché au récit de Plancarpin qu'à celui de Simon, c'est le premier qui eut le plus de succès. Le second devait cependant être publié en latin par Nicolini da Sabio, en 1537, traduit en anglais par Purchas, en italien par les rééditeurs de Ramusio (en 1574), en français par Bergeron[3]. Les chapitres consacrés à la description des Tartares et des autres peuples orientaux ne figurent pas dans ces éditions : c'est seulement Reinhard Reyneke[4] qui, en 1585, recueillit dans son *Historia Orientalis* un *Fragmentum de rebus orientalibus e Speculo historiali Vincentii Belvacensis*, lequel réunissait aux extraits de Simon et de Plancarpin ceux des autres auteurs utilisés par Vincent de Beauvais, tels Jacques de Vitry ou Aymar le Moine.

1. Par exemple le manuscrit Royal Coll. 19. D. 1 du British Museum, signalé par P. Pelliot (t. XXV, p. 273 — 77 du tiré à part —, n. 1).

2. *Supra*, p. 12.

3. Giambattista Ramusio, *Secondo volume delle Navigazioni e Viaggi*, Venise, 1583 ; Hakluytus Posthumus or Purchas, *His Pilgrimes*, Londres, 1625-1626, t. III (sous le titre *Relations of Vincentius Belvacensis*) ; Pierre Bergeron, *Relations des voyages en Tartarie de Fr. Guillaume de Rubruquis, Fr. Jean du Plancarpin, Fr. Ascelin et autres...*, Paris, 1634. Ces ouvrages ont été plusieurs fois réédités : cf. A. d'Avezac, *Relation des Mongols ou Tartares par le frère Jean du Plan de Carpin*, dans *Recueil de voyages et de mémoires publ. par la Soc. de Géographie*, t. IV, 1839, pp. 399 et suiv. ; P. Pelliot, *art. cité* ; Henri Cordier, *Bibliotheca Sinica*, 2e éd., Paris, 1906-1907, t. III, pp. 1956 et 1960-1961. — C'est à tort que R. Streit fait figurer dans la liste des auteurs ayant édité des chapitres de Simon, d'après le *Speculum*, les *Principal Navigations* de Hakluyt (1598), les *Chronica majora* de Mathieu Paris dans l'édition de Watson (1684) et le *Codex diplomaticus Hungariae* de Fejér (1829-1866) (*Bibliotheca missionum*, t. IV, p. 9).

4. Reinerius Reineccius, *Historia Orientalis*, Helmstadt, 1585, in-8°, 2e partie (l'*Historia Orientalis* elle-même forme le second volume du *Chronicon Hierosolymitanum* de cet auteur).

Ces éditions et traductions, d'ailleurs — sauf, dans une très faible mesure, celle de Reyneke —, n'ont en aucune façon le caractère d'une édition critique : elles se bornent à reproduire ou à traduire le texte du *Speculum historiale* d'après ses éditions du xve siècle ou d'après l'édition de Douai.

Nous voudrions, en terminant ces quelques pages[1], dire ce que nous devons à ceux qui ont présidé à notre travail : à Edmond Faral qui en fut l'instigateur comme à M. Clovis Brunel grâce auquel, après une longue interruption, l'ouvrage peut aujourd'hui paraître. Notre gratitude va aussi à ceux qui nous ont fait profiter de leur connaissance de l'Orient : Paul Pelliot et René Grousset, qui nous avaient l'un et l'autre accueilli avec beaucoup de bienveillance ; MM. Robert-H. Bautier, Claude Cahen, Gérard Garitte, le P. Jean Mécerian, MM. Vladimir Minorsky, Denis Sinor, Bertold Spuler et Jacques Yvon, qui nous ont aidé à élucider certains points qui nous restaient obscurs. Et nous souhaitons que, grâce à leur aide, cette édition de l'*Historia Tartarorum* puisse rendre service aux historiens.

---

1. Pour transcrire les noms orientaux, nous avons adopté le système de transcription des mots mongols retenu en dernier lieu par Paul Pelliot, en remplaçant toutefois le γ par *gh* ; de même le ẖ est rendu par *kh*. Pour les mots arabes ou persans, nous avons essayé de nous rapprocher le plus possible des transcriptions généralement admises.

Nous disposons entre crochets ⟨ ⟩ les passages que Vincent de Beauvais a tirés de Plancarpin et insérés dans les chapitres qu'il paraît avoir empruntés à Simon de Saint-Quentin.

EXTRAITS DES CHAPITRES DU *SPECULUM HISTORIALE*
CONCERNANT L'ŒUVRE DE SIMON DE SAINT-QUENTIN

XXXII, 2. — *De prima missione fratrum Predicatorum*
et Minorum ad Tartaros.

Hoc etiam tempore misit idem papa fratrem Ascelinum[a] de
ordine Predicatorum, cum tribus aliis fratribus auctoritate qua
fungebatur[b] de diversis ordinis sui conventibus sibi associatis, cum
litteris apostolicis ad exercitum Tartarorum in quibus hortabatur
eos ut ab hominum strage desisterent et fidei veritatem reciperent[1].

a. Anselmum *D.* — b. fungebantur *ABE* (cf. Pelliot, *Les Mongols et la Papauté,*
dans *Revue de l'Orient chrétien*, t. XXIV, p. 301).

1. Il existe deux lettres *regi et populo Tartarorum* dans les *Registres
d'Innocent IV* (éd. E. Berger, n°s 1364 et 1365) : celle du 5 mars 1245 les
invitant à embrasser le christianisme *(Dei patris immensa)* et celle du
13 mars leur enjoignant de cesser leurs massacres *(Cum non solum)*. La
première est établie au nom du Franciscain Laurent de Portugal (nous
ignorons s'il accomplit sa mission). Pelliot a pensé que chacun des chefs
des ambassades expédiées par le pape emportait avec lui un exemplaire
de ces deux lettres ; c'est certainement le cas de Plancarpin, et le passage
que nous étudions semble l'indiquer pour Ascelin. Toutefois l'exposé que
ce dernier fit de sa mission (XXXII, 40), comme la réponse de Baïǰu, ne
paraissent se référer qu'à *Cum non solum.* D'autre part, tous étaient
aussi chargés de l'encyclique *Cum simus super* (25 mars 1245), adressée
aux chefs des églises orientales pour les inviter à l'union avec Rome :
Ascelin se rendit à Tabriz pour l'apporter à Siméon Rabban-ata (XXX,
70). — Mais, parallèlement à la mission d'Ascelin, le Dominicain André
de Longjumeau apportait la même encyclique à divers prélats, dont le
même Siméon qui le reçut fort bien (il en fit un éloge fort différent des
appréciations que nous a laissées Simon de Saint-Quentin) ; et il se rendait
auprès d'une armée mongole (un détachement de l'armée de Perse sta-
tionné à Tabriz ?), certainement pour y remettre les lettres pontificales,
car il était envoyé « au roi des Tartares » — et c'est là qu'il fit la connaissance d'un secrétaire nestorien qu'il retrouva à Chypre en 1248 comme

Et ego quidem ab uno fratrum Predicatorum, videlicet a fratre Symone de Sancto Quintino, jam ab illo itinere regresso, gesta Tartarorum accepi[1], illa dumtaxat que superius per diversa loca juxta congruentiam temporum huic operi inserui. Siquidem et eo tempore quidam frater ordinis Minorum, videlicet frater Johannes de Plano Carpini, cum quibusdam aliis missus ad Tartaros fuit, qui etiam ut ipse testatur per annum et quatuor menses et amplius cum eis mansit et inter eos ambulavit. A summo namque pontifice mandatum, ut omnia que apud eos erant diligenter scrutaretur, acceperat tam ipse quam frater Benedictus Polonus ejusdem ordinis qui sue tribulacionis particeps et socius erat. Et hic ergo frater Johannes, de his que apud Tartaros vel oculis propriis vidit, vel a Cristianis fide dignis qui inter illos captivi erant audivit, libellum historialem conscripsit, qui et ipse ad manus nostras pervenit. De quo eciam hic quasi per epilogum inserere libet aliqua, videlicet ad supplementum eorum que desunt in predicta fratris Symonis historia.

Du chapitre 25 du même livre XXXII :

Hec de situ terre ac de moribus gestisque Tartarorum et de itinere fratris Johannis supradicti usque ad curiam imperatoris eorum excerpsimus ex ejusdem fratris Johannis libello, ea que in libro fratris Symonis deerant, huic operi addiciendo. De cetero autem ex utroque libello interscalariter quasdam narraciones prosequendo volumus ordinate procedere, prout tempori competunt et ordini historie.

envoyé auprès de saint Louis (*Les Mongols et la Papauté*, t. XXIV, pp. 249-252, et t. XXVIII, pp. 20-22). — Simon paraît avoir ignoré la mission d'André (qui avait pris un autre itinéraire, par Alep et Mossoul). Il ne semble pas avoir su, en 1247, que Siméon avait déjà reçu en 1246 les lettres qu'Ascelin lui apportait, et qu'il y avait répondu. Il en était de même pour les Mongols ; mais peut-être, à Tabriz, s'était-on contenté de répondre oralement à André, et au besoin d'expédier les lettres du pape à Qara-Qorum, sans passer par Baïǧu.

1. Ce passage peut laisser supposer que Vincent de Beauvais avait personnellement rencontré Simon, qui lui aurait lui-même communiqué son livre. Aurait-il complété son information en interrogeant le voyageur sur des points que celui-ci n'avait pas abordés par écrit ? Ce ne serait pas impossible pour la fin du chapitre XXX, 89, rédigée dans le style direct que l'auteur du *Speculum* réserve d'ordinaire aux passages qui trahissent son intervention personnelle.

SOMMAIRE

Livre XXX

87. *De nationibus quas Tartari post necem domini sui subjugarunt* (Progrès des Tartares ; haine de leurs sujets à leur égard).

88. *Qualiter Corasminos destruentes fugaverunt* (Destruction du Khwârizm ; aventures des Khwârizmiens en Orient).

89. *De destructione Persarum* (Prise d'Isfahan et de Derbend ; les Juifs du Caucase).

LIVRE XXXI

95. *De Georgianorum destructione* (Invasion de la Géorgie ; enlèvement et meurtre d'un baron géorgien par des pillards ; destruction de Tiflis).

96. *De crismate Georgianorum et erroribus ipsorum* (Création du catholicosat de Géorgie ; le chrême envoyé d'Antioche ; possessions de l'église de Jérusalem en Géorgie ; simonie).

97. *De vastatione Armeniorum* (Prise d'Ani ; le mont Ararat et son ascension).

98. *De erroribus ipsorum* (Rites arméniens hérétiques).

139. *De tirannide Paperoissole et in Thurcos debachatione* (Révolte des Bâbâ'is turcomans en Turquie).

140. *De ipsius ac suorum destructione* (Mort de Baba Ishak ; succès des Turcomans ; leur anéantissement par les mercenaires francs).

141. *De longa Turcorum a Tartaris impugnatio* (Surprise d'Erzeroum ; miracle survenu à la mort d'un mendiant allemand en Turquie).

142. *De nobilitate ac magnitudine regni Turquie* (Villes de Turquie).

143. *De opulentia ejusdem* (Richesses du sultan : mines, autres revenus. Son opulence).

144. *De magnatibus subjectis ejus dominio* (Vassaux du sultan de Qoniya ; sa « latinophilie »).

145. *De soldano ibidem per Francos constituto* (Kai-Koshrau II élevé au trône par les mercenaires francs ; le vizir Göbäk).

146. *De probitate Francorum contra Tartaros* (Héroïsme de deux Francs, captifs à Erzinjan ; crainte suscitée par les Francs chez les Tartares et les Turcs).

147. *De destructione quarundam Turquie civitatum* (Prise d'Erzeroum, d'Erzinjan, de Siwâs et de Qaisariya).

149. *De vastatione Hungarie et Polonie per Batho ducem Tartarorum* (Conquête des bords de la Mer Noire, de la Pologne et de la Hongrie).

150. *De vastatione regni Turcorum* (Défaite des Turcs au Kösedagh ; le butin ; le trésor du sultan).

151. *De Coterino qui postea se voluit erigere in soldanum* (Tentative d'usurpation d'un chef turcoman ; faiblesse des Turcs).

LIVRE XXXII

26. *De exaltatione Raconadii in soldanum Turquie* (Mort de Kai-Koshrau II ; Shams-al-Dîn Isfahâni et l'avènement de Kai-Kawûs II).

27. *De Losyr tyranni debachatione* (Le vizir Shams-al-Dîn réprime une conspiration et se débarasse de Sharaf-al-Dîn Mahmud).

28. *De federis inter Turcos et Tartaros confirmatione* (Le tribut versé par les Turcs aux Tartares et leurs autres obligations ; traité de Siwâs).

29. *Qualiter rex minoris Armenie Tartaris se subdidit* (Soumission de l'Arménie ; histoire de ce royaume ; guerre entre les Turcs et les Arméniens).

32. *De solennitate qua fuit intronizatus* (Couronnement du grand-khan Güyük).

34. *De nominibus ejus ac principibus et exercitus* (Güyük ; les « princes » et leurs armées ; projets belliqueux du khan).

40. *Qualiter fratres predicatores apud Bayotnoi Tartarorum principem admissi fuerunt* (Demande d'audience de la mission d'Ascelin auprès de Baiǰu).

41. *Qualiter ab eis Tartari de muneribus et de adventu Francorum inquisierunt* (Les Tartares demandent à Ascelin quels présents il apporte et si les Francs vont débarquer en Syrie).

42. *Qualiter adorare Baiothnoy fratres respuerunt* (Refus de se prosterner devant Baiǰu).

43. *Qualiter Tartaris cristianitatem fratres suaserunt* (Discussion sur la révérence à marquer envers Baiǰu. Invitation, fort mal reçue, aux Tartares de se convertir au christianisme).

44. *Qualiter illi de sentencia mortis in fratres tractaverunt* (Baiǰu veut mettre à mort les ambassadeurs ; les divers moyens envisagés ; sa femme principale et un de ses conseillers l'en dissuadent).

45. *Qualiter de modo adorandi ad invicem sunt altercati* (Discussion sur la révérence à marquer envers Baiǰu ; accusation d'idolâtrie imputée aux Chrétiens).

46. *Qualiter ad chaam ire recusaverint* (Refus d'accompagner un fonctionnaire mongol à Qara-Qorum ; discussion sur la dignité plus grande du pape ou du grand-khan).

47. *Qualiter domini pape literas in tartaricum ydyoma transferri fecerunt* (Les lettres pontificales traduites en persan et en mongol pour être soumises à Baiǰu ; nouveau refus d'aller à la cour du khan).

48. *Qualiter fratres dolis et illusionibus Tartari apud se diutius detinuerunt* (Procédés dilatoires de Baiǰu ; refus d'audience opposés aux ambassadeurs).

49. *Qualiter illos Angutham expectare compulerunt* (Baiǰu donne aux frères l'autorisation de se retirer ; annonce de l'arrivée d'Älǰigîdäi ; les frères obligés à l'attendre ; nourriture médiocre accordée à ceux-ci).

50. *Qualiter post ejus adventum recesserunt* (Ascelin, inquiet de ce retard, s'acquiert l'appui d'un conseiller de Baiǰu ; préparatifs de départ ; arrivée d'Älǰigîdäi ; fêtes ; départ des ambassadeurs et durée respective de leurs voyages).

51. *De literis que a principe Tartarorum ad papam misse sunt* (Lettre de Baiǰu invitant le pape à se soumettre).

52. *De literis ab imperatore ipsorum ad eundem principem missis* (Édit du khan envoyé à Baiǰu lui ordonnant d'inviter tous les peuples à obéir à l'empire mongol).

53. *De quibusdam miraculis per signum crucis inter Turcos exhibitis* (Miracles survenus à Qoniya auprès d'une croix sculptée).

HISTORIA TARTARORUM

XXX, 69. — *De interfectione[a] David Indie regis a Tartaris[b].*

Anno Domini M⁰. CC⁰. II⁰.[c], secundum quosdam, Tartari post occisionem domini sui exierunt in populorum destructionem[1]. Hi etenim prius[d] adhuc in terra sua, videlicet Tartaria[e], que affinis est Indie, residentes, contra regem David[f] dominum suum[2], videlicet presbyteri Johannis quondam dominatoris et imperatoris Indie[g] filium[3], conspiraverunt eumque dolose machinando interfecerunt.

(69) *a.* imperfectione *D.* — *b.* Tartaribus *C.* — *c.* M.CC.III *E.* — *d.* post *D.* — *e.* Thartaria. — *f.* Davit *C.* — *g.* Indye *B.*

1. Il s'agit certainement de la destruction par Gengis-khan du royaume des Turcs Kéraït, dont il avait été longtemps le protégé, laquelle intervint en 1203 (R. Grousset, *L'empire des steppes,* Paris, 1939, pp. 264-269).
2. Cf. J. Richard, *L'Extrême-Orient légendaire au Moyen Age. Roi David et Prêtre Jean,* dans *Annales d'Éthiopie,* t. II, 1957, pp. 225-242. Ce nom de David peut être soit celui du chef naïman Küčlüg, chrétien nestorien qui serait par la suite passé au bouddhisme, et dont les romanesques aventures paraissent avoir servi de premier élément à la *Relatio de Davide,* texte d'origine nestorienne qui fut traduit en latin au temps de la cinquième croisade (la figure de Küčlüg y avait d'ailleurs été rendue méconnaissable du fait qu'on avait incorporé à ce texte le récit des conquêtes de Gengis-khan, vainqueur de Küčlüg), — soit celui d'un personnage mythique dont la figure retenait des traits de celle du roi David de Géorgie, et qui aurait prêté son nom au souverain chrétien conquérant, héros de la *Relatio de Davide.* Les chrétiens d'Orient lui avaient attribué de grandes victoires aux dépens des princes musulmans du Turkestan, de l'Afghanistan et de l'Iran, qui étaient en réalité celles du sultan Mahmûd de Khwarîzm et de Gengis-khan.
3. La figure du Prêtre Jean a donné lieu à une abondante littérature dont nous avons essayé de donner la liste dans l'article déjà cité. Probablement s'agissait-il à l'origine de l'empereur d'Éthiopie, tel que l'entre-

Antea siquidem ab antiquo Tartaria[h] Indie regi fuerat subjecta eique pacifice et quiete debita usque ad tempus illud exolverat tributa. Cumque predictus rex ab eis tributum solitum expeteret, precipiens insuper ut in armis vel in angaria aliqua deservirent, illi super aggravacionem manus domini sui conquerentes inierunt pluries consilium utrum ei simpliciter obedirent an ei prout possent obviarent. Tandem unus eorum nomine Cingischam[i], qui sagatior et antiquior videbatur, dedit consilium ut mandato regis contradicerent et omnes unanimiter in eum exurgerent eumque ac suos quos invenire possent occiderent. « Ad execucionem autem, inquit, tanti facti oportet ut omnes in unum et unanimiter congregemur, et unus de quinque qui super alios quatuor ex omnibus quinariis eligatur qui quaternio nuncupetur ejusque precepto in omnibus obediatur ab illis[j] et qui non obedierit occidatur. Similiter eciam[k] super novem sit decimus, et super .xix. xx[us], et sic usque ad mille et eciam usque ad milies milia, denique usque ad infinitum ascendendo. Tandem unus omnes superexcellens tanquam dominus et cam[l], id est imperator vel rex[m], habeatur, cui omnes usque ad mortem per omnia obedire teneantur. »[1] Omnes autem consilium hoc concorditer approbantes ipsum in dominum sibi cum successoribus suis elege-

---

h. Thartaria C. — i. Chingiscam C ; Ingischam, rectius Tanguischam D. — j. ab illis obediatur ABC. — k. insuper C. — l. chaam C. — m. rex vel imperator D.

voyaient les chrétiens de Syrie à travers les récits des pèlerins orientaux au début du xiie siècle. On avait placé son royaume dans l'Inde à la suite de la victoire du khan des Qara-Khitaï sur le sultan Sanjar (1141). Simon de Saint-Quentin fait de lui le père du roi David, et l'identifie évidemment au khan des Kéraït. Il devait être largement suivi ; mais, à la même date, Plancarpin affirmait que le Prêtre Jean avait repoussé les Mongols quand ceux-ci avaient attaqué l'Inde Majeure. Rubruck faisait du Prêtre Jean le chef des Naïman et du khan des Kéraït son frère. Jean de Montcorvin, un peu plus tard, pensait avoir retrouvé le descendant du Prêtre Jean quand il convertit le chef des Turcs Ongüt. Du côté des chrétiens orientaux, le témoignage de Bar-Hebraeus atteste qu'on confondait les figures de Küčlüg et de l'Ong-khan des Kéraït en un même roi Jean.

1. Sur la profonde révolution opérée au sein de la société mongole par la répartition du peuple mongol entre les « milliers » opérée par Gengiskhan lors de son élévation à l'empire en 1206, alors que les Mongols vivaient jusque-là sous un régime de clan, cf. B. Vladimirtsov, *Le régime social des Mongols. Le féodalisme nomade*, trad. M. Carsow, Paris, 1948 (*Publications du Musée Guimet, Bibliothèque d'études*, t. 52), pp. 132-143.

runt, eisque predictam obedientiam in perpetuum se[n] servaturos promiserunt et usque hodie servaverunt. Hic igitur electus altera die convocatis omnibus in montem altum ascendit eosque exhortans ait : « Scitis quod usque nunc tria in nobis peccata semper inundaverunt, videlicet mendacium, furtum[o] et adulterium. Nunc ergo ne vindicante Deo in execucione hujus facti vel alias in posterum impediamur decetero nos omnes a predictis abstinere ipsi promittamus ita quod si quis in aliquo eorum prolapsus inveniatur sine ulla misericordia occidatur »[1]. Quod cum omnes se observaturos in perpetuum promisissent, licet jam iniquitas mentita sit sibi, precepit omnes illos in[p] armis paratos congregari eosque in duabus aciebus divisos una die a duabus partibus equaliter a medio terre distantibus terram domini sui David ingredi ac velociter eam percurrentes nulli parcere sexui vel etati. Illi ergo causa servitutis excuciende triumphique obtinendi quamplurimum animati[q] de terra sua exeuntes arcubus et sagittis clavisque sive fustibus tanquam armis[r] suis potioribus premuniti, quorum maxima pars erant pedites, minor in bobus equitantes, minima[s] vero in asinis et jumentis ac pullis equorum considentes[t] domini sui terram simul a duabus partibus invaserunt eamque totaliter infusione sanguinis intinxerunt. Rex autem David adventum eorum audiens improvise nec ullatenus valens resistere, cum ab una parte exercitus effugere[u] vellet, ab altera[v] preventus est et oppressus, tandemque cum tota familia sua preter unicam filiam menbratim detruncatus, quam videlicet filiam[w] superstitem predictus Cingiscam[x] sibi uxorem accepit et de ea[y], ut dicitur, filios generavit[2].

n. sese B. — o. et furtum BC. — p. in manque DE. — q. armati DE. — r. carnis B ; clavis, fustibus et tanquam armis D. — s. amua B. — t. confidentes BE. — u. exercitus parte effugere AC ; exercitus parte autem fugere B. — v. alia AB. — w. filiam manque DE. — x. Chingiscam C ; Cingischam D. — y. illa C.

1. Les prescriptions morales du *yassaq* de Gengis-khan sont rapportées de façon analogue par les Géorgiens (F. M. Brosset, *Histoire de la Géorgie*, t. I, Saint-Petersbourg, 1849, gr. in-8º, p. 486).
2. En fait, Gengis-khan avait épousé une nièce du khan des Keraït, et son fils Tului épousa une autre nièce de celui-ci, la célèbre Sorgaqtani (cf. Grousset, *L'empire des steppes*, p. 269 ; P. Pelliot, *Cinghis*, dans *Notes on Marco Polo*, éd. par L. Hambis, t. I, Paris, 1959, in-fº, pp. 303-304).

XXX, 70. — *De Rabbanata monacho nestorino*[1].

Rabbanata[a] vero monachus christianus sed tamen nestorinus[b], quia vivente David rege fuerat[c] ei familiaris et fortasse quandoque[d] consiliarius, post mortem ipsius David a filia ejus uxore Cingiscam[e] tandem est evocatus[f] et eidem occasione antique patris sui amicicie et quia christianus erat consiliarius ac penitenciarius ejus factus est, Tartarisque[g] familiaris est effectus, ipsa[h] tamen[i] dumtaxat vivente[j], Cingiscam[k] permittente. At illa mortua factus est idem monachus Tartaris extraneus et ab eis elongatus[l]. Ipse[m] tamen Rabbanata, tum mediante regis David filia, tum eciam mediante curie frequentia, multa de consiliis et factis Tartarorum noverat multaque divinando eisdem revelabat. Propter que nimirum ad tempus ab ipsis est magnus[n] [2] arbitratus et ab illis qui curiam Cingiscam et baronum ejus frequentabant sanctus est reputatus. Postea vero in Armeniam majorem transiit ibique in Thauris civitate per aliquot tempus latuit; sed, sicut postea diligenti inquisicione per fratres predicatores, qui de mandato Pape ad Tartaros ibant et ad ipsum eciam Rabbanatam litteras deportabant, ac per viros religiosos et alios fidedignos inventum est[o], mercator erat et usurarius ac divinus et hereticus, fideique catholice et orthodoxe inimicus, licet eciam eam[p] confiteretur oretenus. Latebras tamen[q] libenter querebat, nec unquam comedens ab aliquo de fratribus se videre permittebat. Talis semper vixit talisque moriens qualis vixerat, sicut credere dignum et justum est, ad infernum descendit[3].

(70) *a.* Rabbanatha *AC ;* Rabbanta *D. — b.* nestorine *B ;* nestorianus *D. — c.* fuit *DE. — d.* quandoque fortasse *ABC. — e.* Chingischam *A ;* Chingiscam *BC. — f.* vocatus *AB. — g.* Tartaris quoque *C. — h.* ipso *DE. — i.* tamen *manque AB. — j.* viventi *B.* *— k.* Chingischam *A ;* Chingiscam *BC. — l.* elongatis *C. — m.* iste *AB. — n.* magnus est *AB. — o.* inventum est quod *DE. — p.* eam *manque ABDE. — q.* tamen *manque C.*

1. Ce chapitre, consacré au célèbre « visiteur d'Orient » nestorien, le Syrien Siméon Rabban-ata, a été édité et commenté par P. Pelliot (*Les Mongols et la Papauté*, dans *Revue de l'Orient chrétien*, XXIV, pp. 225-262). Nous renverrons à cet article par la référence au tome de la *R.O.C.* et à la page, dans chaque tome, de préférence à celle du tiré à part.

2. L'original portait-il *magus* (magicien) plutôt que *magnus* ?

3. La nouvelle de la mort de Siméon, que rapporte ici Simon de Saint-Quentin, paraît avoir été controuvée : ce personnage, qui avait été muni

XXX, 71. — *De exteriori qualitate Tartarorum.*

Sunt autem Tartari homines turpissimi, quamplures parvi ; oculos habent grossos et prominentes multum coopertos palpebris ita quod valde parva est apertura in eis ; latas habent facies latasque[a] habent[b] frontes nasosque platos[c]. Sunt autem imberbes excepto quod in superiori labio et in mento raros habent pilos et quasi volatiles ; ⟨graciles sunt in cingulo generaliter omnes exceptis paucis, omnesque fere sunt stature mediocris⟩[1]. Rasuram faciunt prope verticis summitatem que descendit inferius per timpora ab aure usque ad aurem sedetque rasura illa super caput eorum ad ferri equini modum. Raduntur iterum a parte posteriori et longos habent capillos ac trecas retro juxta aures. Talem eciam rasuram habent omnes illi qui cum eis sunt, ut Comani[d] ac Saraceni et alii, sed facies hominum eorum dissimiles sunt faciebus Tartarorum. Ipsi porro Tartari leves et agiles sunt quamplures ac bene equitantes : a puericia quippe discunt equitare currendo post armenta[e] equorum et aliorum animalium, cumque majores effecti sunt cum patribus suis in bellis quasi continuis equitant ; nullusque illorum[f] pedes vadit, sed omnes, eciam minimi garciones, equis aut bobus insident, quia brevissimas tibias habent. Incomposito itaque gradu incedunt, et pedites ire diu nequeunt. Mulieres eorum turpissime sunt et equitant sicut et viri[g]. Equos autem habent qui non ferrantur nec ordeo utuntur, multumque sunt disciplinabiles ac magni laboris et castrati sunt et nares fissas[h] habent. Preterea[i] Tartari modo interrogativo et[j] clamoso loquuntur gutture[k] rabido et horribili. Cantantes mugiunt ut thori[l], vel ululant ut lupi, voces inarticulatas

---

(71) *a.* latas quoque *A.* — *b.* habent *manque ABC.* — *c.* perlatos *DE.* — *d.* Armenii *D ;* Romani *E.* — *e.* armento *B.* — *f.* eorum D. — *g.* sicut viri *C.* — *h.* fixas *BCE.* — *i.* Qui enim *B.* — *j.* et *manque BDE.* — *k.* loquntur in gutture *C.* — *l.* tauri *ABD.*

des pleins pouvoirs du grand-khan Güyük pour faire relever les églises détruites et assurer aux chrétiens la liberté de leur culte, semble avoir terminé sa vie dans un monastère de Mésopotamie postérieurement à 1265 (B. Spuler, *Die Mongolen in Iran,* 2ᵉ éd., Berlin, 1955, pp. 204-205).

1. Phrase tirée de Plancarpin (éd. Van den Wyngaert, p. 32). — La phrase suivante, si elle provient du même auteur, a dû être modifiée par des extraits de Simon de Saint-Quentin.

in[m] cantando proferunt et hanc cantilenam « alai, alai » communiter ac frequentissime canunt. Turpissime bibentes caput quaciunt et quod bibunt velut equi in gutture trahiciunt. In tentoriis semper habitant et non in villis vel urbibus. Pastores enim pecorum rurales sunt, ac gregibus ovium et caprarum, armentisque boum et camelorum et equorum superabundant. In hieme manere consueverunt in planicie ; in estate vero pascuarum ubertatem sectantur in montibus. In luctacionibus et in sagittacionibus delectantur[n] tanquam in suis potissimis gaudimoniis et exercitacionibus. Christianis autem debiliores sunt corporibus ; venatores quidem mirabiles sunt et ordinati ac serrati ad venandum pergunt, ita quod animalia venaticia fugando coram se ducunt, denique concludendo ea quasi de seipsis coream[o] unam faciunt, et tunc sagittando undique interficiunt et capiunt[1]. Vilissime comedunt, panem non habent nec curant, mensalibus non utuntur nec manutergiis, eduntque manibus illotis.

XXX, 73. — *De legibus ac statutis eorum.*

⟨Statutum est autem inter Tartaros et a Cingiscam primo eorum domino confirmatum ut quicumque in superbia erectus auctoritate propria sine principum electione voluerit imperator esse occidatur sine ulla miseracione. Propter hoc et unus de principibus nomine Cuiuchan nepos ipsius Cingiscam occisus est ante electionem ipsius quia regnare volebat non electus. Aliud quoque statutum habent quod omnem terram sibi debent subjugare nec cum aliqua gente pacem habere, nisi subdatur eis. Quousque veniat tempus ipsorum interfectionis, annis .lxxx. debent pugnare et .xviii. tantummodo regnare ; post hoc, ut ipsi dicunt, ab alia nacione debent vinci ut vaticinatum est eis, nesciunt tamen que illa sit. Et qui evadere poterunt, ut dicunt, legem illam tenere debent quam tenent illi

---

m. in *manque AB.* — n. delectantur et in sagittationibus *ABC.* — o. choream *C.*

1. Sur les grandes battues mongoles, cf. Vladimirtsov, *ouvr. cité,* pp. 48-49. — L'obligation de participer à la chasse en battue est encore citée parmi les charges dont le bénéficiaire d'un édit se fait exempter en 1422 par le fils de Tamerlan (J. Deny, *Un* soyurgal *du timouride Šāhruḫ,* dans *Journal Asiatique,* t. CCXLV, 1957, p. 255).

qui bello eos devincent. Ipsi nanque Tartari divinacionibus, auguriis, aruspiciis, veneficiis et incantacionibus multum intendunt, et cum illis a demonibus respondeatur, Deum sibi loqui credunt. Est eciam statutum Cingiscam illius primi quod per millenarios, centenarios ac decanos eorum exercitus debeat ordinari.⟩[1] Porro edictum generale chaam est ut ubicumque capiantur a Tartaris vel a servis eorundem mulieres quantecumque sint, ab ipsis teneantur eisque pro sua voluntate abutantur, easdem in servitutem sibi perpetuam si voluerint reservantes. De equis quoque tale est edictum chaam generale : quicumque Tartarus equum rapere potuerit undecumque et ubicumque invenerit et cujuscumque[a] sit, ipse verus possessor illius habeatur, dum tamen Tartari non sit[2]. Porro de viatoribus tale est edictum generale ipsius : quicumque, inquit, Tartarus seu Tartari servus[3] aliquem in via invenerit, dum tamen non sit mercator habens bullam Tartaricam[4], ille inventoris vel accipientis eum sic servus perpetuus habeatur, et, si sit Tartari servus, donec a domino suo repetatur. Sunt autem duo genera Tartarorum diversa quidem habentia idiomata sed unicam legem ac ritum sicut Franci et Theutonici[5].

(73) a. cujusquam AB.

1. Le chapitre précédent est tiré de Plancarpin ; le début de ce chapitre en paraît également tiré. Cf., dans l'édition Van den Wyngaert, les pages 41 (depuis *Ipsi namque*) et 64.

2. Cf. Kirakos de Gandzak, trad. Dulaurier (*Journal Asiat.*, 1858, I), p. 242.

3. Ces *servi Tartarorum* sont-ils les « vassaux-serfs » décrits par Vladimirtsov, pp. 80-81, et distincts des « esclaves-serviteurs » (p. 86) ?

4. *Bulla* (français *bullette*) : sauf-conduit. Certains voyageurs, tels les ambassadeurs, recevaient une *païza* d'or ou d'argent, tablette d'investiture (Spuler, *Mongolen in Iran*, p. 292) qui leur assurait la franchise et tous leurs frais, et qu'accompagnait une patente *(ǰarliq)* précisant les droits accordés au porteur (M. Polo, éd. Pauthier, pp. 29, 256 ; le Vénitien avait conservé une « tola d'oro granda di comandamento » : *The description of the world*, éd. Moule et Pelliot, I, pp. 555-556). Un *ǰarliq* accordant sauf-conduit et droit aux relais *(ulagh)* est publié par A. Mostaert et F. W. Cleaves, *Trois documents mongols des Archives du Vatican*, dans *Harvard Journal of Asiatic Studies*, t. XV, 1952, pp. 430-445. L'octroi de la *païza*, du *ǰarliq* et des *ulagh* à des marchands tendant à s'introduire, le grand-khan Möngkä le proscrivit absolument (Juwaini, *History of the world conqueror*, trad. J. A. Boyle, Cambridge (Mass.), 1958, II, pp. 605-606). Il existait donc d'autres sauf-conduits que la *païza*. Cf. Kirakos, p. 254.

5. Il s'agit sans doute ici des Mongols et des Turcs.

XXX, 74. — *De superbia eorum et impietate[a].*

Tante[b] vero impietatis et arrogantie sunt ut dominum suum chaam filium Dei appellent et ipsum loco Dei super terram venerantes adorent dicentes factoque ostendentes illud in eis esse impletum : « celum celi Domino, terram autem dedit filiis hominum »[1]. Nam et ipse chaam se filium Dei appellat[c] et in litteris suis sub hoc nomine mandat omnibus[d] ejusque subditi videlicet Tartari de mandato ipsius principes suos Bayothonoy et Bato[e] violenter ab omnibus nunciis ad ipsos venientibus faciunt adorari[2] cum triplici genuum flexione triplici quoque capitum suorum in terram allisione. Denique supra modum gloriantes et ad totius mundi dominium in brevi se venturos presumentes, ita[f] adeo desipiunt ut majorem domino suo chaam neminem in mundo fore credant vel eciam coram se nominari papam vel alium majorem sustineant. Omnes homines qui in mundo sunt veluti pecudes reputant seque solos omnibus[g] preferentes papam et omnes Christianos canes appellant, ipsos eciam idolatras esse affirmant quia ligna et lapides — id est quia signum crucis in lignis et lapidibus impressum vel insculptum — adorant. Somnia vero observant et maleficis artibus intendunt, habentque magos secum vel divinos[h] per quos a demonibus in idolis habitantibus sibi responsa dari petunt Deumque sibi, ut dictum est, loqui credunt, ⟨quem scilicet deum Ythoga[i] nominant, sed ipsum Comani Chaam[j] appellant, quem mirabiliter reverentur ac timent, eique multas oblaciones et[k] primicias ciborum et potuum offerunt ac secundum ejus responsum universa faciunt. Solem patrem esse lune eo quod lumen a sole recipiat dicunt omniaque per ignem purificari credunt⟩[3]. Dies ac menses maximeque luna-

---

(74) *a.* De impietate eorum et superbia *ABC.* — *b.* Lante *B.* — *c.* appellant *B.* — *d.* omnibus mandat *ABC.* — *e.* Bayothnoy et Batho *AB ;* Bayotnoy et Bato *C.* — *f.* ita *manque ABC.* —*g.* hominibus *DE.* — *h.* divinum *B.* — *i.* Ytoga *C ;* Ithogo *D.* — *j.* Comanichaam *D.* — *k.* atque *ABC.*

1. Psaume 113.
2. Simon avait été invité à adorer Baiǰu *(Bayothnoy)* et Plancarpin avait dû se prosterner devant Batu. Cependant le passage tout entier doit provenir de Simon, car le nom de Batu est écrit *Bato* et non, comme dans les textes empruntés au récit de Plancarpin, *Bati.* Cf. ci-dessous, pp. 93, n. 2, et 98-99.
3. Tiré de Plancarpin (éd. Van den Wyngaert, p. 41).

ciones et annos et[l] tempora observant ; nullius diei vel temporis abstinentia inter illos servatur nullaque dies ceteris dignior vel celebrior reputatur. Ad ceterorum hominum societatem incommunicabiles et inamicabiles sunt ut eciam cum eis colloquium habere dedignentur et in ludis et ubique preferri volunt. Unde cum in eorum exercitu duo christiani Georgiani ab ipsis invitati[m] cum duobus Tartaris luctarentur causa ludi et duo Tartari absque ulla lesione corporum a[n] Georgianis ad terram essent submissi, alii Tartari de eorum prostracione supra modum indignati frementes in Georgianos illos irruerunt ita quod eorum unicuique brachium unum extorquendo confregerunt.

XXX, 75. — *De ipsorum cupiditate et avaricia.*

Tanta vero in eis cupiditas exardescit[a] ut cum aliquid quod sibi placeat vident statim aut nimia importunitate extorquant, aut violenter auferant ab illo cujus est, velit nolit. Pecunias suas committunt ad usuram ita quod accipiunt de decem denariis unum ad usuram per mensem, post primum iterum decennarium de quolibet decennario decimato per usuram iterum accipiunt unum denarium. Itaque miles quidam in Georgia de quingentis iperperis[b] [1] a Tartaris acceptis per[c] annos .v. retentis coactus fuit eis .vii. milia reddere[d] pro usuris. Quedam eciam domina Tartarica pro .l. ovibus quas cuidam commiserat, et ille per .vii. annos tenuerat, peciit ab illo pro usuris illarum ovium iperpera .vii. milia que omnia ille coactus exolvit[e] pro usura. Preterea super tributarios suos aggravant onus exactionis ut in terra Avagh[f] [2], magni videlicet cujusdam

l. ac *A.* — *m.* invitari *B.* — *n.* et a *DE.*

(75) *a.* cupiditas in eis exardescit *ABC.* — *b.* quingentis his perperis *D.* — *c.* acceptis ac per *C.* — *d.* reddere .vii. milia *ABC.* — *e.* coactus exolverat *ABE ;* coactus est exolvere *D.* — *f.* Anag *C.*

1. L'hyperpère ou sou d'or (le *besant,* selon l'expression couramment utilisée par les Occidentaux des xiᵉ et xiiᵉ siècles) paraît avoir été la monnaie courante en Orient au cours du xiiiᵉ siècle, malgré l'éclipse de l'empire byzantin.

2. Cette « terre » s'étendait sur le Somkheti géorgien et le nord de la Grande-Arménie : Awag Mkhargrdzeli, « connétable » puis atabeg du

terre baronis : primo siquidem chaam suum habet tributum ad minus .xv. dracmas seu asperos qui bene valent .xxx. sterlingos[1] ; secundo dominus specialis, tercio dominus provincialis, quarto nuncii solemnes, quinto frequentes que[g] fiunt eis exeniorum[h] presentaciones, post hoc eciam nuncii supervenientes cum equorum angariis quibus providetur in expensis. Preterea de quolibet rustico laborante accipiunt asperos tres ac de quolibet bove[i] tres et de sex pecoribus .iii. ; et munera quidem bene accipiunt et non sequuntur retribuciones, quia pro nullo dato alicui aliquid retribuunt vel eciam gratis reddunt[j], quin potius quecunque quandocumque illis dantur, ea sibi deberi tanquam omnium dominis arbitrantur : itaque manus eorum semper ad accipiendum est porrecta, sed ad dandum collecta. Cumque infinitis abundent gregibus pecorum et armentorum multumque in eis nutriendis et multiplicandis delectentur quia « gaudium onagrorum pascua gregum »[2] pre nimia tenacitate avaricie vix aut nunquam animal comedunt sanum aut vivum, sed quando mortuum est statimve moriturum vel mutilatum aut aliqua molestia consimili afflictum. Denique cum abundent tabernacula ipsorum, manum egeno et pauperi non porrigunt ; hoc tamen solum laudabile quoad quid habent quod ubicumque in prandio vel cena aliquis eis supervenerit, libenter illud quo vescuntur ei communicant ac volentem secum comedere non excludunt.

g. qui DE. — h. enceniorum D. — i. boves E. — j. vel etiam grates reddunt C.

royaume de Géorgie, fils du célèbre Iwané, résidait à Bedjni, au nord d'Érivan. Il s'était soumis aux Mongols en 1239 et mourut en 1250 (Brosset, *Hist.*, I, *passim*, et Add., pp. 266-279, 425).

1. L'*aspre* (ou « blanc » : la forme turque était *âqša*, de *âq* : blanc) était une monnaie d'argent, sans doute byzantine d'origine, qui devait perdre de sa valeur au point de n'être plus, dans la Turquie moderne, que le cent-vingtième de la piastre. Elle est ici donnée comme équivalente au dirhem *(dracma)* : le poids que lui donne Simon (un peu plus de deux esterlins, l'esterlin étant la vingtième partie de l'once d'argent, correspondant à 1,4 g) est en effet celui de 2,87 g qui est celui du dirhem (cf. Von Zambaur, *Dirhem*, dans *Encycl. Islam*). La fiscalité mongole reposait effectivement, en dehors de diverses réquisitions, sur deux impôts : la capitation ou *qalân* (le *tributum* de Simon) et le *qubčur*, sorte de taille proportionnelle à la richesse (H. Schurmann, *Mongolian tributary practices in the 13th century*, dans *Harvard Journal of Asiatic Studies*, t. XIX, 1956, pp. 304-389).

2. Isaïe, XXXII, 14.

XXX, 76. — *De effrenatione eorum et luxuria.*

Sic autem in malicia sua effrenati sunt ut nullatenus se debere vel posse refrenari putent a destructione quam ceperunt ; exemplumque tale de seipsis non verentur ponere : « Nos, inquiunt, sumus quasi sagitta de manu sagittantis emissa, que nunquam desistit donec obstaculum eam[a] repellens et confringens eam[b] inveniat ». Super multitudine quoque gentis sue gloriantes, nullam gentem eis posse resistere innuunt, per hoc exemplum quod in medio[c] proponunt : « Nos sumus, aiunt, ut fluvius magnus aquarum multarum qui pre sua profunditate nimia transvadari nequit, cujus impetus inundans absorbet quecumque invenit, licet a parvo fonte oriatur et a pluribus rivulis dirivetur ». Ceterum eciam minimi garciones eorum accipiunt et rapiunt mulieres per civitates eis subjectas, scilicet Georgie, Turquie, Persidis, Armenie majoris et minoris, exceptis eciam[d] illis que providentur a communitatibus ipsis. Idem quoque[e] garciones ipsorum[f] ac nuncii quoscumque equitantes ibidem invenerint[g], si equitaturis indigent, faciunt illos de equis descendere ac ducunt eos ubi voluerint. Oculos incontinentes penitus habent Tartari, plenos incessabilis delicti ; omnibus pecudibus se indifferenter commiscent sicut et Saraceni, nam in illis semper viguit sodomie peccatum et in Tartaris est[h] eciam[i] diffusum. Preterea[1] uxores sibi Tartari accipiunt quotquot volunt et sustentare possunt, nullusque consanguinitatis vel affinitatis gradus in eis observatur[2] ; nam uxor Tartari cum mortua fuerit, ille omnes sorores ejus vel filias earum[j] si sibi placeant singillatim[k] vel simul in uxores

---

(76) *a.* eum *E.* — *b.* eam *manque AB ;* eum *E.* — *c.* in medium *AB.* — *d.* exceptis et *C.* — *e.* Idemque *E.* — *f.* eorum *B.* — *g.* inveniunt *E.* — *h.* est *manque A.* — *i.* etiam est *B.* — *j.* earum *manque AB.* — *k.* sigillatim *ABCD.*

1. Ce qui suit *Preterea*, jusqu'à la fin du chapitre, offre de grandes ressemblances avec le texte de Plancarpin (éd. Van den Wyngaert, p. 33), mais sans similitude absolue. S'agit-il d'emprunts faits à Plancarpin et très retouchés par Vincent de Beauvais, ou du texte même de Simon ?
2. Simon n'a pas remarqué les règles existant chez les Mongols et interdisant les mariages entre clans issus d'un même « os » (Vladimirtsov, *op. cit.*, pp. 56-59).

accipit[1]. Persone tres tamen[l] ab eorum excluduntur matrimonio, scilicet mater et filia et soror ; omnes enim alias personas sibi vel uxoribus quas habent vel habuerunt aliter attinentes sibi libere accipiunt uxores[m] ; cumque Tartarus uxorem acceperit, non reputat eam uxorem suam donec ab ipso conceperit ac pepererit[n] ; unde si sterilis sit, ipse si vult eam dimittit. Item maritus dotem pro uxore non recipit donec illa ei puerum pepererit[o] ; similiter nec mulier a patre vel a matre donec ipsa pepererit[p].

XXX, 77. — *De crudelitate ipsorum et fallacia.*

Crudeles adeo sunt ut nec senem revereantur, nec puerorum misereantur. Effusio sanguinis apud eos tanquam effusio aque reputatur, humanorumque corporum prostratio tanquam stercorum coacervatio computatur ; nec solum in unam gentem, sed eciam in Christianorum et omnium aliorum hominum exardescunt extinctionem. Carnes humanas devorant ut leones, tam assas igni quam elixas, et hoc quandoque causa necessitatis, quandoque causa delectacionis[a], quandoque causa timoris et horroris incuciendi populis hoc audituris[2]. Itaque in occisione hominum exultantes gloriantur et in multitudine occisorum anima eorum mirabiliter delectatur. (Hinc etiam in Perside cum accepissent urbem quamdam fortem, in pede Montium Caspyorum, que Drubadi[3] vocabatur,

---

l. Persone tres tantum *C.* — *m.* uxores accipiunt *AB.* — *n.* peperit *D.* — *o.* peperit *BD.* — *p.* peperit *BD.*

(77) *a.* delicacionis *C.*

1. Le lévirat était en usage chez les Mongols (*id.*, p. 58), Marco Polo nous a laissé des informations analogues (cf. *La description du monde*, adapt. L. Hambis, Paris, 1955, pp. 82-83).
2. Sur la réputation d'anthropophagie qui entourait les Mongols aussi bien en Chine que chez les Occidentaux, alors que les seuls cas d'anthropophagie connus accompagnaient des rites magiques réservés à quelques initiés, cf. la note de M. L. Hambis, dans *La description du monde de Marco Polo*, citée plus haut, p. 384. Cf. *infra*, p. 41.
3. Derbend, au pied du Caucase, dont les habitants furent massacrés en 1239. Dans sa première rédaction, Vincent de Beauvais parlait de ce massacre à trois reprises, conformément à l'ordre logique qu'il avait adopté. Mais il est douteux que Simon de Saint-Quentin eût répété trois fois la même phrase.

omnibus ejus habitatoribus decapitatis, aures rebellium sibi jam
mortuorum absciderunt, duosque summarios eisdem auribus in
aceto positis honeratos ad chaam transmiserunt)[b]. Itaque de
rupibus homines precipitant, alios colla ponendo super lapides
excerebrant[c], aliisque lapidibus ipsum terendo[d] collum occidunt.
Intrantes domos, homines eciam timore mortis absconditos infixo
cultello in corde occidunt et, sanguine eorum adhuc de vulneribus
effluente, sedent et comedunt ac[e] bibunt dicentes iterumque per-
cucientes[f] : « ecce modo jacetis hic, vos inimici nostri ». Multa
quoque in eis est dolositas fallaciaque et[g] mendacitas. ⟨Unde cum
ante municionem aliquam obsidentes longo tempore stant blande
loquuntur obsessis multaque illis promittunt ut se in manus eorum
tradant, et si quidem illi se reddiderint eis, dicunt illis : « exite ad
nos, ut secundum morem nostram numeremus vos ». Cumque ad
eos exeunt, quos comperiunt esse artifices sibi reservant, alios autem
omnes, preter illos quos sibi pro servis retinere volunt, cum lapidibus super lapides excerebrant. In bellis eciam quoscumque capiunt
occidunt, nisi forte aliquos reservare velint ut illos in servitute
semper teneant. Occidendos autem per centenarios dividunt ut cum
bipenni ab eis interficiantur. Ipsi vero dividunt hos per captivos
et unicuique servo ad interficiendum dant .x. vel plures vel pau-
ciores secundum quod majoribus placet.⟩[1] Denique si aliquid pro-
miserint illis qui se reddiderint[h] nichil observant, sed quascumque
possunt occasiones contra eos[i] querunt[j] et opponunt. Hoc itaque
semper in eis oportet attendere quod sepius fraudulentia doloque
magis pugnant quam fortitudine[2].

b. La phrase figurant entre parenthèses ne se rencontre que dans C et semble avoir été
éliminée de la rédaction définitive parce qu'elle était répétée p. 46 et p. 54. — c. exerce-
bant C. — d. terrendo E. — e. et A. — f. iterum percutientes B. — g. ac B. —
h. reddiderunt DE. — i. illos ABC. — j. et querunt D.

1. Tiré de Plancarpin (éd. Van den Wyngaert, pp. 83-84).
2. On notera qu'ici, comme en beaucoup d'autres endroits, Simon de
Saint-Quentin (ou le compilateur) se préoccupe de donner des conseils de
courage aux Occidentaux qui risquaient d'avoir à lutter, d'un moment
à l'autre, contre les « Tartares » et que l'effroi suscité par ces derniers
pouvait amener à se rendre sans résistance, ou à s'enfuir sans combattre,
L'emploi de ruses de guerre par les Mongols est d'ailleurs bien connu.

XXX, 78. — *De victu eorum.*

Porro in victu sunt homines immundissimi atque spurcissimi. ⟨Neque enim mensalibus nec manutergiis utuntur nec panem habent vel curant, sed quidam eciam ipsum comedere dedignantur. Olera quoque vel legumina non habent nec aliquid aliud quam carnes ut comedant, de quibus eciam tam paucas manducant quod alie naciones vix inde vivere possent. Porro omne carnium genus⟩ preter quam mule quia non gignit[1] ⟨comedunt, et hoc turpissime rapaciterque, tangentes pinguia digitos suos lambunt et ocreis suis tergunt. Solent tamen majores aliquos habere panniculos cum quibus ad ultimum tergunt. Manes comesturi non lavant, nec postea scutellas, et si aliquando eas brodeo carnium abluunt, iterum loturam cum carnibus in olla reponunt, aliter etiam non lavant ollas vel coclearia vel alia hujusmodi vasa⟩.[2] In carnibus autem[a] equinis plus delectantur quam in aliis ; ratos[b] eciam et canes edunt et catos[c] libentissime comedunt ; vinum libentissime bibunt quando habere possunt ; lacte jumentino quod ipsi kamous[d] vocant quotidie sicut et[e] homines ceteri vino forti se inebriant[3]. Cumque kalendas

---

(78) *a.* autem *manque C.* — *b.* katos *E.* — *c.* catosque *AB ;* ratos eciam edunt et canes catosque *C.* — *d.* kamosus *B ;* camous *D ;* kamaus *E.* — *e.* et *manque AB.*

1. Ce membre de phrase qui ne figure pas dans Plancarpin peut être tiré d'un chapitre de Simon relatif à la nourriture des Mongols, dont la suite du chapitre 78 donne d'autres extraits.
2. Tiré de Plancarpin (éd. Van den Wyngaert, pp. 48-49). Il semble que Simon notait la même absence de propreté chez les Mongols (on sait du reste que ceux-ci s'interdisaient de souiller l'eau en se lavant) de façon beaucoup plus brève : la dernière phrase du chapitre 72 (« Vilissime comedunt, panem non habent nec curant, mensalibus non utuntur nec manutergiis, eduntque manibus illotis ») que Vincent de Beauvais a laissée à la fin d'un paragraphe consacré à l'aspect extérieur et aux mœurs des Tartares, paraît même partiellement tirée de Plancarpin.
3. Il s'agit du *qoumiz,* ce lait de jument fermenté qui était la boisson favorite des Mongols comme des autres nomades des steppes. Aucun des premiers voyageurs chez les « Tartares » n'a omis de parler de ce breuvage. Rubruck va jusqu'à raconter qu'un Musulman prêt à se convertir au christianisme s'en détourna quand il apprit que Grecs et Russes interdisaient l'usage du qoumiz sans lequel, assurait-il, les nomades ne pouvaient vivre. Aussi recommandait-il que l'on reconnût expressément aux chrétiens la faculté d'en user (éd. Van den Wyngaert, pp. 191 et 193).

aut festivitates ventrium[f] suorum celebrant, cantui vel potius ulu-
latui[g] atque potacionibus vacant, et quamdiu potaciones hujusmodi[h] durant, nulli negocio intendunt nullumque nuncium expe-
diunt. Quod et fratres ordinis Predicatorum qui ad illos a papa
missi sunt in eorum[i] exercitu commorantes per .vi. dies continuos
probaverunt. Carnes autem[j] humanas devorant ut leones, assas
igni et elixas comedentes[1] ; cumque capiunt aliquem sibi contra-
rium et inimicum valde conveniunt in unum locum comesturi eum
in ulcionem rebellionis sibi facte, sanguinem ejus avide sugentes
velut sanguisuge infernales. ⟨Denique cum eis victualia deficerent,
in obsidione scilicet cujusdam urbis Kimorum de decem hominibus
accipiebatur unus ad manducandum. Pediculos eciam comedunt,
uxor viri et amicus amici de capite vel aliunde illos extrahentes
atque dicentes : « utinam sic possim facere de inimicis domini mei
astantis ». (Porro pre avaricia vix aut nunquam de animalibus suis,
quibus ultra modum habundant, unicum comedunt sanum vel
vivum, sed mortuum vel statim moriturum, vel aliquo incommodo
molestatum)[k]. Apud ipsos autem est peccatum magnum si aliquid
de cibo vel potu perire permittunt, ideoque ossa nisi prius extra-
hatur medulla dari canibus non permittunt⟩[2].

XXX, 79. — *De habitu illorum.*

Habitus autem eorum communis et solemnis est tale : capellos[a]
habent omnes cujuscunque coloris sint qui non sunt profundi in
se, sed quasi laicorum mitre super capita jacent plane. In posteriori

---

f. mensium *D.* — *g.* ululatu *B.* — *h.* vacant et quamdiu potaciones hujusmodi *manque B.* — *i.* eodem *DE.* — *j.* etiam *AB.* — *k. La phrase entre parenthèses figure uniquement dans* C ; *elle semble avoir été supprimée dans la rédaction définitive parce qu'elle
se trouvait déjà incorporée au chapitre 72.*

(79) *a.* capillos *DE.*

1. Ce passage se retrouve textuellement au chapitre 77 du même livre.
2. Tout ce passage, depuis *Denique*, paraît avoir été emprunté à l'*Historia Mongalorum* de Plancarpin. Toutefois la phrase relative à la dégus-
tation des poux comprend des développements qui ne figurent pas dans
cet ouvrage. Mais il n'est pas certain que Vincent de Beauvais les ait
empruntés à Simon de Saint-Quentin : il a pu enjoliver les données de
Plancarpin par un développement de son propre cru.

vero parte extentam habent caudam ad unius palme longitudinem
et in latitudine tantundem et eciam in cauda dilatantur aliquantulum in majorem. Ore[b] capellorum[c] ipsorum in anteriori parte et
in lateribus habent quandam reflectionem extra[d] ad grossitudinem[e]
digiti, sed non in parte posteriori ; due quoque ligature in eisdem
oris[f] supra aures insute[g] sunt, quibus sub mento colligatis capellum
inherere capiti faciunt, ac ne a vento vel aliquo alio evellatur
infigunt vel imprimunt[1]. Super has quoque ligaturas due sunt
lingule parve volatiles ad decorem sive potius ad terrorem. Hujusmodi ergo forma capellorum est Tartaris omnibusque quotquot
sunt cum eis. Habitus autem tartaricus quo totum corpus eorum
superinduitur exceptis bracis[h] in pluribus est nigri coloris. In latere
sinistro, antequam induatur, divisus est et apertus ab umbilico
et supra in anteriori parte equaliter a latere in latus se extendens,
et inferius ultra genua non descendens. In parte posteriori descendit
plus aliquantulum quam in anteriori, non extensus ultra costas vel
dilatatus ac usque ad humeros retro supraextensus[i], duabus lingulis
latitudinis trium digitorum insutis super humeros parti posteriori
et inferius recte descendentibus, partique anteriori per umbilicum
a latere in latus se equaliter extendentes insuuntur. Ab ipso autem
indumento nec brachia nec latera nec pectus nec aliqua anterior
pars ab umbilico et supra exceptis duabus lingulis sunt cooperta.
Quidam[j] eciam ipsorum supra disposicionem predictam in duobus
lateribus habent fissuram. Hec est forma specialis indumenti quo
a ceteris hominibus discernuntur Tartari[2]. Armati sunt autem coriis
superpositis lammis ferreis conjunctis lammisque vel corio brachia
cooperiunt superius sed non inferius. Cum autem sagittas arcu
traiciunt[k] dextrum brachium a tota armatura exuunt factoque

---

b. Hore *ABC*. — c. capillorum *E*. — d. extra reflectionem *ABC*. — e. crassitu-
dinem *D*. — f. horis *ABC*. — g. insulte *B*. — h. braccis *A* ; brachiis *D*. — i. superexten-
sus *A*. — j. quandam *D*. — k. arcutarii jaciunt *D*.

1. On reconnaît ici la description du bonnet de fourrure mongol, avec
ses oreillettes et sa jugulaire.
2. La description du vêtement mongol est ici plus détaillée que celle
que donne Plancarpin (éd. Van den Wyngaert, p. 51) : fendu sur le côté
gauche, découvrant le haut de la poitrine, plus long par derrière que par
devant et s'attachant sur les épaules, il apparaissait comme très caracté-
ristique.

tractu reinduunt. Hac utuntur tantummodo barones ac pugnatorum duces eorumque signiferi et conestabuli[l], unde non creditur
decima pars ipsorum eam habere aut ipsam deferre[m]. Capellos
habent de corio multiplicato ad modum patellule, gladiosque parvos
ut Saraceni longitudinis unius brachii et unius incisionis seu cesure ;
cultellis nesciunt pugnare nec portant illos aperte. Non utuntur
scutis, paucissimi quoque utuntur lanceis ; cum autem utuntur eis
a latere percutiunt ex ipsis ; vinculo in summitate lancee ligato et
in brachio ipsam portant. Quidam autem uncos habent in fine
lancearum. Super omnia vero innituntur arcubus et sagittis et
cursu[n] equorum[1].

XXX, 81. — *Qualiter regiones invadere solent.*

Cum autem invadere pergunt aliquam regionem, in unum ordinem procedentes ante faciem suam occupant terre latitudinem ;
et situm in quo positus est unusquisque tenet nec ad dextram vel
sinistram divertere partem audet. Itaque regionem illam ingressuri
et accepturi omnes de nocte ad montes circumadjacentes ascendunt,
et mane facto cursarios ad planiciem de quibus supradictum est[2]
premittunt. Illi vero de planicie cursarios evitare nitentes fugiunt
ad montes, ibi se salvare posse credentes[a]. Statimque occiduntur
a Tartaris ibidem latentibus et ad ipsos descendentibus. Itaque qui
volunt regiones suas ab illorum invasione servare debent contra
illos homines ad pugnam priusquam ipsi per terram incipiant diffundi mittere. Postquam enim spargi per aliquam terram incipiunt,
nullus jam congrue de terra illa potest alteri auxilium prebere,
quoniam ipsi catervatim homines querunt et occidunt ; et siquidem[b]
se in castris includunt, Tartari tria vel quatuor milia hominum aut

l. cunestabuli *E.* — *m.* eam habere aut deferre *C.* — *n.* cursui *D.*

(81) *a.* ubi se salvare posse credunt *D ;* ubi se salvare credunt *E.* — *b.* sic quidem *DE.*

1. Sur l'armement des Mongols, cf. B. Spuler, *Die Mongolen in Iran,*
pp. 410-411. Les informations de Simon sur l'armure, le casque, le sabre
court à un seul tranchant, se retrouvent chez les autres auteurs. Ses
indications sur l'usage de la lance sont moins courantes.
2. Renvoi au chapitre précédent du *Speculum,* tiré de Plancarpin
(qualiter in pugna se habent).

plures circa municionem qui eam obsideant ponunt, ipsique[c] nichilominus per terram ad hominum occisionem se diffundunt. ⟨Tales
eciam qui se municionibus includunt porcos suos incarceratos esse
dicunt magisque de talibus quam de aliis securi sunt et gaudent,
quia jam illos esse suos asserunt⟩[1]. Cum autem inimicis ad pugnam
occurunt, primis currentibus terminos ultra quos non gradiuntur
ponunt ; similiter faciunt eciam secundis ac terciis et omnibus aliis,
iterumque quando refugiunt termini sunt eis positi ultra quos nullatenus fugiant. Cum enim adversariorum fortitudini se prevalere
posse non credunt, ante illos fugiunt et quasi se ab illis fugari
faciunt ; cumque illi armati Tartaros inermes diu insecuti fuerint
ac pre gravitate armorum et vie longitudine lassati jam non
amplius sequi potuerint, tunc Tartari super equos recentes ascen-
dentes se super illos convertunt et in eos capiendo[d] et occidendo
insiliunt. Aliquando eciam fugiendo cedunt eis ut eis locum inter
ipsos intrantibus faciant, ipsique se dispergunt et dilatant, ut ita
dispersi ad sibulum vel clamorem unius eorum[e] in unum congregati
hostes undique circumcingant et conterant. In omnibus autem
terris quas destruunt Tartari semper sequitur fames.

XXX, 82. — *Qualiter munitiones obsedunt.*

⟨Porro cum aliquam municionem obsident, undique illam ne
quis ingredi vel egredi possit circumdant, fortissimeque machinis
et sagittis impugnant, nec die vel nocte a prelio cessant, ut illi qui
sunt in municione non quiescant. Ipsi tamen Tartari vicissim quies-
cunt, quia ne nimis fatigentur acies dividunt, ita quod una successit
alteri in pugna. Proiciunt eciam ignem grecum et aruinam hominum
quos occidunt, ipsam liquefactam super domos proiciunt, et ubicumque super illam pinguedinem venit ignis, ardet velut inextin-
guibilis. Extingui tamen potest vini aut cervisie superfusione, et
si super carnem ceciderit, extinguitur manus confricacione. Cum
autem hoc modo vi prevalere non possunt, introitum municionis

---

c. ibique *E*. — d. in eos et capiendo *DE*. — e. eorum *manque E*.

1. Tiré de Plancarpin (éd. Van den Wyngaert, p. 100).

vel fontes aut eciam fluvium obstruunt, vel fluvium dirivando illam submergunt, alioquin municionem suffodiunt, et armati sub terra ingrediuntur, unaque pars cum hominibus intra municionem pugnat, altera vero pars ignem apponit ut comburatur. Si vero nec sic prevalent, ante municionem sedent, suamque municionem contra illam faciunt ne graventur ab illis fortasse jaculis vel sagittis, et aliquando stant ante municionem per multa tempora, scilicet per .xii. annos et amplius, sicut vidit frater Johannes de Plano-carpi in Alania⟩[1]. Porro quandoque cum obsidentes castrum vel urbem habitantibus in ea se prevalere non posse vident, non longe ab illa fugiunt et aliquantulum latitant ; cumque obsessi eos longe recessisse vel eciam omnino a finibus illis abscessisse credunt, tunc quasi securi municionem[a] aperiunt, at illi statim in eos irruunt urbemque vel castrum accipiunt. Civitatem enim centum portarum in Perside que vocatur Spaham[b] non sua virtute sed aquarum inundacione, quas illuc dirivari fecerunt, acceperunt[2]. Sic quoque multas terras plus fraudulentia vel ingenio quam viribus acceperunt[c].

XXX, 83. — *Qualiter erga captos vel deditos se habent.*

⟨Ut autem superius jam dictum est blande loquuntur obsessis multaque fallaciter ut in eorum manus se tradant promittunt eis, cumque illi se reddiderint vel capti fuerint, omnes occidunt exceptis artificibus quos ad opera sua reservant, vel si quos alios retinere pro servis acceptant. Nobilibus et honestis hominibus nunquam parcunt et si forte aliquo casu reservant ex illis nec prece nec precio ulterius de captivitate exire permittunt. Occidendos autem, ut dictum est supra, per centenarios dividunt⟩[3]. Cumque in homines

(82) *a.* monicionem *E. — b.* Sapaham *D ;* Sapham *E. — c.* ceperunt *C.*

1. Tiré de Plancarpin (éd. Van den Wyngaert, pp. 82-83 et 100).
2. Cette phrase paraît tirée du chapitre de Simon sur la conquête de la Perse (XXX, 89) ; il est impossible de dire si elle pouvait figurer à la fois dans ce chapitre et dans un autre chapitre consacré par cet auteur aux méthodes de guerre des Mongols, ou bien si c'est Vincent de Beauvais qui a extrait du texte de l'*Historia Tartarorum* des éléments isolés pour compléter les informations de l'*Historia Mongalorum* qui forment l'essentiel de XXX, 82.
3. Tiré de Plancarpin (éd. Van den Wyngaert, pp. 83-84).

de obsesso castro tanquam sibi repugnantes occiderunt in signum victorie ac glorie certitudinisque numeri occisorum atque ad terrorem ceteris hominibus incuciendum unum ex illis quasi millenarium in aliquem locum excelsum et eminentem erigunt, capite subverso, pedibus erectis, aliis omnibus[a] occisis jacentibus in terra prostratis. Itaque cum cepissent ut dictum est Drubaldi[b] civitatem in Perside, ad sue crudelitatis ostensionem et audituris incutiendum timorem, omnibus habitatoribus illius decapitatis, aures rebellium sibi jam mortuorum absciderunt duosque summarios oneratos auribus in aceto positis ad chaam transmiserunt[1]. ⟨Denique cum nullis hominibus pacem faciunt nisi eis subiciantur sicut antiquum Cingiscam apud eos preceptum habetur. Hec sunt autem que ab illis petunt qui eis se subiciunt, videlicet ut cum eis contra omnem hominem in exercitum vadant, ut et de omnibus tam de hominibus quam de aliis rebus decimam illis reddant. Vidit eciam frater Johannes de Planocarpi supradictus, scilicet de ordine fratrum minorum, quemdam in Ruscia Saracenum ex parte chaam missum, qui de tribus pueris unum petebat, secumque ducebat; similiter eciam ducebat viros qui uxoribus carebant et mulieres que viros non habebant; precipiebat nichilominus ut unusquisque quantumcumque eciam parvus puer diei unius, vel quantumcumque pauper sive mendicus pro tributo solveret unam pellem ursi albi vel nigri et unum castorem nigrum vel aliquid tale quod tantundem valeret. Principes autem eis subjecti cum ad illos veniunt habentur ut alie viles persone nec ullum ab eis honorem recipiunt; oportet eciam ut eis munera magna presentent, precipueque ducibus et uxoribus eorum et officialibus, millenariis ac centenariis, quin eciam non solum ipsi sed eorum quoque servi valde importune petunt ab eis et a nunciis quando mittuntur ab ipsis. Aliquibus inveniunt occa-

(83) a. hominibus DE. — b. Drubadi C; Driabaldin D.

1. De ces deux phrases, la première paraît tirée du chapitre de Simon relative aux massacres de Géorgie (XXXI, 95), la seconde, du chapitre de ce même auteur concernant la destruction de la Perse (XXX, 89); le *ut dictum est* qui y est inséré renvoie au chapitre XXX, 77, où la phrase en question figurait dans la première rédaction du *Speculum historiale*. Elle fut supprimée dans la seconde rédaction, mais le renvoi qui y était fait ici subsista.

siones ut eos occidant, et aliquos veneno vel pocionibus perimunt ut ipsi soli in terra dominium habent⟩[1]. Itaque quos sub tirannide sua redigunt, confringunt et atterunt, terribilibus oculis intuentes ac dentibus infrementes in eos, scilicet quos subjugare non possunt[2].

XXX, 84. — De sclavis eorum.

Thurcos et Solimanos[a][3], id est Saracenos, et Comanos[b][4], et eciam Tartaros servos suos et Christianos ad se de diversis locis adductos quos in bellis sibi mediante gladio acquisierunt sclavos suos faciunt. Quos et nudos et in penuria victus extrema pene spiritus exalantes verberant eciam et affligunt prout volunt, eosdem[c] sine causa, si eis placet, occidunt. Ritus autem Christianos et quaslibet sectas et quorumlibet hominum cultus secure ac libere observari permittunt inter se, et ubicumque eciam[d] dominantur nec curant de quorumlibet hominum consuetudinibus dummodo sicut ipsi[e] precipiunt in omnibus eisdem serviatur. Itaque Machometi lex in eorum exercitu a Saracenis quotidie quinquies palam omnibus audientibus proclamatur, et eciam per omnes civitates in quibus ipsi[f] Saraceni habitant et qui eorum dominio subjugantur. Ipsi quoque Saraceni in exercitu eorum et in omnibus eorum civitatibus ad perfidiam suam nephandam exhortantur et[g] attrahunt homines ac pervertunt, ut errorem eorum sequantur[5]. Sunt eciam mulieres

(84) a. Turcas et Solimanos D. — b. et Comanos manque D. — c. eosdemque ABC. — d. eciam manque ABC. — e. ipsi manque C. — f. ipsi manque C. — g. et manque C.

1. Tiré de Plancarpin (éd. Van den Wyngaert, pp. 85-86).
2. Il n'est pas certain que ces phrases formant la conclusion des chapitres aient été empruntées à Simon. Elles peuvent être l'œuvre personnelle de Vincent.
3. Solimanos a sans doute ici le sens de « Musulmans » et désignerait les Arabes par opposition aux Turcs.
4. Sur les Comans ou Turcs Qiptchaq, cf. P. Pelliot, A propos des Comans, dans le Journal Asiatique, 1920, I, pp. 125-185.
5. Simon fait état de la persistance du prosélytisme musulman sous la domination mongole, à la faveur de la tolérance universelle prescrite par Gengis-khan et malgré l'écroulement des états musulmans. Son texte ne permet pas de savoir dans quelle mesure ce sont les Mongols eux-mêmes, et non les sujets de ceux-ci (en particulier les populations chrétiennes des régions voisines du Caucase, que Simon avait visitées), qui étaient ainsi attirés à l'Islam. On sait bien que les princes mongols de Perse s'appuyèrent

48   SIMON DE SAINT-QUENTIN

plurime inter eos[h] captive. Nam preter artifices operum quos sibi utiles estimant, et ideo de civitatibus captis illos in perpetuam servitutem sibi reservant, mulieres quoque juvenculas, virgines aut conjugatas, captas sibi focarias faciunt, easque in nuditate et extrema famis penuria servire cogunt. Hominum quoque decimas, ut dictum est[1], accipiunt et ipsos in servitute[i] redigunt : decem enim pueros computant et unum accipium et[j] de puellis idem faciunt. Quos omnes ducunt in terram suam et in servitutem tenent perpetuam. Quidam eciam viventes unum[k] de sclavis suis eligunt ut in tumulo ipsorum vivus ponatur cum eis, quando in morte sepeliendi sunt. ⟨Denique adeo subjectis suis odiosi sunt, ut eciam multi qui cum eis in exercitu sunt, si haberent fiduciam quod nostri non eos occiderent, ex omni parte contra illos pugnarent, sicut ipsimet fratri Johanni supradicto dixerunt⟩[2].

XXX, 85. — De mulieribus eorum[a].

Tartaree[b] autem mulieres turpissime sunt. Uxorate quidem omnes super capita sua deferunt canistrum longitudinis unius pedis ac fere dimidii, undique rotundum, et in parte superiori latiorem, coopertum et ornatum undique serico vel samite atque margaritis

h. illos B. — i. servitutem D. — j. ac AB. — k. unam C.

(85) a. ipsorum A. — b. Tartharee A.

sur le bouddhisme et le christianisme pour lutter contre l'influence musulmane (cf. B. Spuler, Les Mongols dans l'histoire, Paris, 1961, pp. 55 et suiv. ; Die Mongolen in Iran, pp. 235-244) ; les conversions isolées parmi les Mongols ont pu commencer assez tôt. Il serait imprudent de tirer, pour définir l'influence de ce prosélytisme musulman, des conclusions trop précises à partir du cas des princes gengiskhanides. Seuls d'entre eux pour la génération des petits-fils de Gengis-khan, le futur khan de la Horde d'Or Bärkä et ses frères professaient l'Islam à l'époque où écrivait Simon. Mais nous croyons avoir démontré qu'ils avaient été élevés dans la religion musulmane par leur mère, fille du sultan Mahmûd de Khwârizm, d'ailleurs avec la permission du grand-khan (cf. notre étude à paraître sur La « conversion » de Bärkä et l'islamisation de la Horde d'Or). Il est donc difficile de rien en conclure quant à l'attrait que l'Islam exerçait sur les Mongols dans la première moitié du xiiie siècle.

1. Vincent de Beauvais renvoie ici à un passage (ci-dessus, p. 46) qui paraît emprunté à Plancarpin. Simon faisait-il lui aussi allusion à cette dîme en esclaves prélevée sur les pays conquis ?

2. Tiré de Plancarpin.

et monilibus circumdatum, oculis pavonum infixis desuper ad decorem ; habent eciam frena phalerata[c] et inargentata et inaurata,
atque in pectoralibus campanulas infixas, magnum emittentes
sonitum ad gloriam earum et decorem. Palefridos equitant magnos
et pingues, habentque cambucas de corio diversis coloribus depicto
cum auro multo inserto ex utroque equi latere dependentes. ⟨Vir-
gines autem et non uxorate de facile discerni non possunt a viris,
quoniam in omnibus maximeque in habitu ac gestu uniformes sunt
illis⟩[1]. Uxores autem[d] magnorum baronum omnes indute sunt
samitis vel purpuris deauratis sicut et[e] mariti earum. Communiter
autem alie mulieres boqueranno[f] stricto[2] sub cingulo multis plicis[g]
sumptuosis operato et insuto omnes vestiuntur, quod ante in se
totum unum continuum postquam indutum est in sinistro latere
cum quatuor vel quinque nodulis clauditur vel firmatur. Habent
eciam alia indumenta de panno laneo albo communiter omnes
Tartari quo se induunt desuper in tempore pluviali vel eciam
hiemali. ⟨Et viri quidem earum exceptis sagittis omnino nichil
operantur, sed exercentes se ad sagittandum venantur⟩ et inter se
luctantur. ⟨De gregibus autem aliquantulum habent curam. Equos
valde custodiunt, immo eciam rerum omnium maximi conservatores
sunt. Porro mulieres opera diversa faciunt operantes, scilicet pel-
licia, vestes, calceos, ocreas et omnia que de corio fiunt. Currus
eciam ducunt et reparant, camelos onerant et alique sicut et viri
sagittant ; femoralibus eciam omnes utuntur sicut et viri ; sunt

---

c. fallerata *E.* — d. autem *manque C.* — e. et *manque C.* — f. bouqueranno *ABC.*
— g. pellicis *B.*

1. Tiré de Plancarpin (éd. Van den Wyngaert, p. 35).
2. Le mot de *bouqueran* désigne ordinairement une étoffe de coton ; il
semble pris ici pour désigner une sorte de vêtement : le « bouqueran »
étroit sous une ceinture aux multiples plis, parfois recouvert d'un manteau
de drap de laine blanche, que décrit Simon, sans indiquer de quel tissu il
était fait. Une hypothèse récente fait dériver ce nom d'un mot mandingue :
« les termes bouracan ou bougran désignent ordinairement une pièce de
cotonnade ou de lainage très grossier... qui est appelé encore de nos jours
birinkan... », et qui aurait été une étoffe drapée (François-J. Nicolas, *Le
bouracan ou bougran, tissu soudanais du Moyen Age*, dans *Anthropos*,
t. LIII, 1958, pp. 265-268). L'auteur paraît ignorer l'interprétation
traditionnelle, qui rapproche le mot *bouqueran* ou *bougran* du nom de
Boukhara, et qui semble seule à retenir ici. Cf. Pelliot, *Notes on Marco
Polo*, I, pp. 110-112.

eciam alie velocissime et in omnibus operibus suis strenue. Virgines et omnes mulieres equitant, pharetras et arcus portant ; in equis quoque sicut et viri agiliter currunt⟩[1] et utrique multum in equitando laborare possunt.

XXX, 86. — *De morte ac sepultura eorum.*

⟨Cum aliquis eorum ad mortem infirmatur, hasta una in ejus stacione erigitur et circa illam filtrum nigrum circumvolvitur ; extunc nullus audet intrare terminos stacionis illius. Cumque fuerit mortuus, si de minoribus est, occulte in campis sepelitur cum uno tentorio suo sedendo in medio ejus, ponuntque mensam ante illum et alveolum carnibus plenum et lactis jumentini ciphum. Sepelitur eciam cum eo jumentum unum cum pullo et equus cum sella et freno ; alium autem comedunt et cum stramine corium ejus implentes super duo ligna vel quatuor in alto ponunt, que omnia faciunt pro mortuo, ut habeat tentorium et eciam jumentum in alio mundo, de quo scilicet jumento lac habere possit, et equos sibi multiplicare in quibus tunc valeat equitare, ossaque illius equi quem comedunt pro anima ejus comburunt. Unde conveniunt mulieres ad ossa comburenda pro animabus ipsorum mortuorum.⟩[2] Si vero dives et magnus homo fuerit Tartarus qui moritur, cum habitu preciosissimo sepelitur, ac remotius ab omnibus[a] in abscondito loco ne habitu suo spolietur. Amici quoque ipsius equum ejus a capite incipientes usque ad caudam excoriant et corrigiam inde latitudinis parve primo secundum longitudinem illam excindunt, deinde totam equi pellem extrahentes palea implent et in memoriali[b] mortui habendo contum per equi fundamentum usque ad collum figunt ipsumque hinc et inde supra duas furcas elevatum suspendunt[3]. Porro carnes equi quasi pro anime illius suffragio, ut dictum

---

(86) *a.* hominibus *ABC.* — *b.* memoriale *BDE.*

1. La phrase « et inter se luctantur » et la dernière phrase exceptées (ce qui n'implique pas qu'elles proviennent de Simon), l'ensemble du passage est tiré de Plancarpin (éd. Van den Wyngaert, pp. 50-51).
2. Tiré de Plancarpin (éd. Van den Wyngaert, p. 42).
3. Plancarpin faisait suivre sa description des funérailles des *minores* de celle des usages réservés à la sépulture des principaux chefs, que l'on enterrait avec leur esclave favori. Il semble que Simon ait adopté un plan analogue, mais sans doute en opposant la sépulture des pauvres à celle

est, comedunt, et planctum super mortuo, quidam per .xxx. dies, quidam plus, quidam minus, faciunt. Magni quoque barones, ut dictum est[1], antequam moriantur unum sibi de sclavis suis eligunt quem signo quodam suo signantes, quando moriuntur vivum poni secum in tumulo suo faciunt. Sunt et alii[c] Tartari, quidam inter alios christiani quidem, sed pessimi, quorum filii cum patres suos senescere vident ac tedio senectutis aggravari, dant eis comedere pinguia quedam, ut caudas arietum et hujusmodi, quibus oppressi de facili valeant suffocari ; cumque sic mortui fuerint, corpora eorum comburunt ac pulverem eorum colligentes quasi preciosum quiddam custodiunt, indeque quotidie quando comedunt cibaria sua ex hoc pulvere[d] spargunt[2].

XXX, 87. — *De nationibus quas Tartari*
post necem domini sui subjugarunt[3].

Rege itaque David cum omnibus suis necato, ut predictum est, a Tartaris, Cingiscam[a] ceterique Tartari de perpetratis supra modum gloriantes flagiciis, in tantam amentie exarserunt superbiam[b] ut instigante dyabolo conciperent animo sicut domini sui terram, ita totum paulatim mundum suo subjugare dominio[c]. Animati namque super obtenta victoria de Indis, Deo permittente regisque David et populi sui[d] exigentibus peccatis, juvenibus fortibus ac bellicosis viris secum retentis et in servitutem suam redactis, circumadjacentes regiones ceperunt paulatim invadere[e] et expugnare, tandemque suo

---

c. alii *manque ABC.* — d. ex hoc pulvere *manque C.*

(87) a. Chingischam *AC ;* Cingischam *B.* — b. superbiam exarserunt *ABC.* — c. subjugare dominio suo *AB ;* subjugare domino suo *C.* — d. suis *DE.* — e. paulatim et invadere *A.*

---

des chefs : car c'est à ceux-ci qu'il attribue le cheval que l'on écorchait et dont la peau bourrée de paille était suspendue à des piquets tandis que la chair faisait les frais du repas funèbre, aussi bien que l'ensevelissement d'un esclave vivant. Le compilateur ne paraît pas s'être aperçu qu'il décrivait deux fois le même rite, en termes différents.

1. Sans doute est-ce là un renvoi au chapitre XXX, 84 (p. 48).

2. On ne retrouve pas mention de cette curieuse coutume dans les descriptions des autres voyageurs : Rubruck et Plancarpin se contentent d'attribuer aux Tibétains l'usage de manger leurs parents après la mort de ceux-ci.

3. Dans le texte original, ce chapitre suivait-il immédiatement celui qui traitait de la victoire de Gengis-khan sur le « roi David » ?

dominio penitus subjugare. Sicque qui a principio pauperes et abjecti sclavi et tributarii terram*f* regis Indie invaserunt, super-ordinante Dei judicio multorumque populorum peccatis exigentibus, in auro, argento et possessionibus animalium ac multitudine servientium divites facti, ac fere super omnia colla orientalium nacionum domini effecti sunt. Siquidem nulli hominum cedentes a Tartaria fere usque ad ortum solis et ab ortu solis usque ad mare Mediterraneum dilatati sunt et innumerabilia regna suo dominio subjecerunt. In omnibus autem terris que ab eis destruuntur statim fames valida sequitur, sicut postea per exempla manifestabitur. ⟨Plurimis itaque terris in servitutem eorum redactis, quedam viriliter resisterunt eis, videlicet India magna et quedam magna pars Alanorum, et quedam magna pars Kitorum et gens Saxorum : quandam enim eorum civitatem Tartari obsederunt, sed eis prevalere non potuerunt⟩[1]. Et revera Tartari non parum timidi sunt erga illos qui eis fortiter resistunt nec unquam insiliunt in homines constantes seque*g* viriliter defendentes atque repugnantes, sed virtus eorum est contra fugientes. Itaque super omnes populos timent Francos — sic enim ipsi et omnes transmarini, large sumpto vocabulo, nominant omnes Christianos —. Unde fratres predicatores a papa missi ad eos cum venissent in exercitum eorum timuerunt ipsi Tartari valde*h* dicebantque per exercitum quod Franci veniebant, qui sequentes fratres jam in media Turquia*i* erant. Denique ubicumque potestatem habent, Francos in solidis, id est stipendiis, recipi prohibent[2]. Quantum vero odiunt Tartaros Saraceni et Georgiani et Armeni ceterique populi qui eis tributarie serviunt nulli dubium est, fratribusque predictis ipsimet*j* eorum afflictione et miseria constricti retulerunt.

f. et tributarii erant, terram... *D. — g.* sicque *B. — h.* valde *manque B. — i.* Turchia *D. — j.* ipsemet *E.*

1. Tiré de Plancarpin (éd. Van den Wyngaert, p. 91).
2. « Les hommes de ce pays [le Fou-lang] qui servent dans les armées étrangères sont très braves », dit un rapport mongol de 1259 (Pauthier, *Le livre de Marco Polo*, I, p. cxlv). Cette appréciation rend vraisemblable l'interdiction rapportée par Simon, comme elle explique l'emploi postérieur par les Mongols de nombreux mercenaires occidentaux (J. Richard, *About an account of the battle of Hattin referring to Frankish mercennaries*, dans *Speculum*, t. XXVII, 1952, pp. 173-174).

XXX, 88. — *Qualiter Corasminos destruentes fugaverunt*[1].

Itaque post victoriam de Indis, ut predictum est, erigentes cervicem superbie[a] ac de totius mundi subjectione presumentes, ad Corasminos[b] transmiserunt primos nuncios tanquam ad sibi propinquiores, arroganter eis mandantes quatinus Cingiscam[c] et ejus exercitui humiliter obedirent eique servicium perpetuum cum tributo impenderent. At vero Corasmini[d] super mandacione sibi facta quamplurimum indignati predictos nuncios omnes fecerunt interfici. Tartari ergo super illorum occisione supra modum indignati et[e] turbati, et[f] congregata multitudine magna Tartarorum eorumque qui eis voluntarii vel inviti se conjunxerant[g] terram Corasminorum[h] invaserunt, quotquot invenire potuerunt ex eis gladio prosternentes omnesque alios tanquam exules et profugos de finibus illis penitus effugantes. Itaque Corasmini[i] persecucionem eorum declinantes fugerunt et in fines se Persidis maximeque in civitatem Georgie Trifelis[j] effuderunt, ubi etiam[k] .vii. milia hominum occiderunt[2]. Postmodum vero cum in fines illos Tartari supervenerunt, iterum Corasmini[l] fugientes ad tempus in terra soldani Turquie[m] latuerunt. Postea vero a soldano Babilonie domino Egipti invitati atque conducti in regnum Hierosolimitanum venientes et

---

(88) *a.* superbie cervicem erigentes *ABC*. — *b.* Chorasminos *C* ; Cerasminos *D*. — *c.* Chingischam *AC ;* Cingischam *B*. — *d.* Chorasmini *AC*. — *e.* atque *C*. — *f.* et *manque AB*. — *g.* junxerant *E*. — *h.* Chorasminorum *AC*. — *i.* Chorasmini *C*. — *j.* Triphelin *D*. — *k.* et *DE*. — *l.* Chorasmini *AC*. — *m.* Turchiae *D*.

1. La conquête du Khwârizm par les Mongols eut lieu en 1220-1222. L'épisode initial est ici quelque peu déformé : Gengis-khan n'avait demandé au sultan du Khwârizm que la conclusion de trêves marchandes, qui lui furent accordées sans que cette ambassade eût comporté de demande de soumission. Les ambassadeurs mongols qui furent mis à mort par ordre du sultan sont ceux qui, un peu plus tard, vinrent demander justice du meurtre de certains marchands par le gouverneur khwârizmien d'Otrar, Inâl-khan, et la livraison du coupable aux Mongols (cf. l'*Histoire du sultan Djelal ed-Din Mankobirti*, par al-Nasawî, trad. O. Houdas, dans *Publ. de l'École des Langues orientales vivantes*, 3e série, vol. IX, Paris, 1891, pp. 57-61).
2. C'est en mars 1226 que le sultan de Khwârizm Jalâl al-Dîn détruisit Tiflis. La chronique géorgienne éditée par Brosset (*Kartlis Tchovréba* du prince Wakhoucht) parle de « dix myriades » de morts (100 000).

Christianos debellantes ante Gazam civitatem magnam Francorum multitudinem Domino permittente prostraverunt et gloriosum Domini nostri sepulcrum destruxerunt atque intra et extra sanctam civitatem Christianos quamplurimos occiderunt, quod factum est anno Domini MCCXLIIII ⟨sicut infra dicetur in loco suo⟩[1]. Qui scilicet Corasmini[n], postquam Deo permittente tantum facinus et impietatem commiserunt, tandem ipso Domino disponente jam fere omnes ad nichilum redacti sunt.

XXX, 89. — *De destructione Persarum.*

Ubi autem Tartari Persidem invaserunt, civitatem in ea .c. portarum que vocatur Spaham[a] acceperunt non quidem virtute sua sed aquarum inundacione quas illuc dirivari fecerunt[2]. Porro ad sue crudelitatis ostensionem et ad incuciendum audituris timorem, cum accepissent quandam[b] in ea civitatem fortem Drubaldi[c] vocatam in pede montium Caspiorum, habitatoribus invitis, illis omnibus decapitatis aures rebellium sibi jam mortuorum absciderunt duosque summarios eisdem auribus in aceto positis oneratos

n. Chorasmini *AC.*

(89) *a.* Spapham *C ;* Sapaham *D ;* Sapham *E.* — *b.* quam *B.* — *c.* Driabaldim *D.*

1. Sur les dévastations des Khwârizmiens à travers l'Orient, cf. R. Grousset, *Histoire des Croisades*, III, pp. 410-420. Après la prise de Jérusalem (23 août 1244) et la bataille de Gaza (17 octobre 1244), où l'armée du royaume latin de Jérusalem fut anéantie par eux, ils furent écrasés en 1246 par les armées des princes d'Alep et de Homs. Après la mort de Jalâl al-Dîn, les Khwârizmiens qui avaient formé son armée se mirent successivement au service du sultan de Turquie Kai-Qobâd, puis de l'Aiyûbide al-Salih Aiyûb qui les établit en Djéziré (1237-1243), avant de les appeler en Syrie (Cl. Cahen, *La Syrie du Nord à l'époque des croisades et la principauté franque d'Antioche*, Paris, 1940, pp. 645-649).
2. Cf. Cl. Huart, *Isfahan* (*Encycl. Islam*, II, p. 563). Isfahan avait échappé à la première campagne mongole en Iran (1220-1222) ; elle avait été menacée en 1228 par une armée mongole qui fut repoussée par Jalâl al-Dîn. Son lieutenant Orkhân se maintint à Isfahan jusqu'à l'arrivée des Mongols (G. Altunian, *Die Mongolen und ihre Eroberungen in kaukasischen und kleinasiatischen Ländern*, Berlin, 1911, p. 30, n. 4, doit être corrigé d'après l'*Histoire du sultan Djelal ed-Din*, p. 406). La prise de la ville, décrite par Simon, et le massacre qu'a déploré le poète Kamal al-Dîn Isfahâni survinrent en 1237 (d'Herbelot, *Bibliothèque orientale*, Paris, 1697, p. 955 ; Ch. Schefer, *Chrestomathie persane*, t. I, p. 128).

ad chaam transmiserunt[1]. Quia vero de montibus Caspiis hic facta
est mentio, hic unum quod in dubium michi venit inserere volo.
Cum enim dicant historie nostre scolastice quod Alexander magnus,
rex Macedonum, oracione impetravit a Domino reclusionem Judeo-
rum inter montes Caspios ipsosque circa finem mundi predicent exi-
turos, fratres nostri, scilicet[d] ordinis Predicatorum, in Georgia civitate Triphelis, que prope montes Caspios est, ubi[e] per .vii. annos
commorati sunt[2], diligenter a Georgianis et a Persis, et etiam
a Judeis, de inclusione illa inquisierunt, et dicunt omnes, etiam
ipsi[f] Judei, quod nichil penitus inde sciunt, nec unquam istud in
suis historiis invenerunt. Hoc autem scriptum habent tantummodo,
quod Alexander ille quosdam homines immundos et horribiles prope
montes Caspios habitantes, qui alios homines et[g] etiam se invicem
comedebant, intra montes illos habitare coegit et etiam ibi portas
extrui fecit, que videlicet adhuc porte Alexandri dicte sunt,
unamque illarum Tartari confregerunt. Ceterum de reclusione hominum in montibus illis nichil aliud reperitur veritatis in illis locis[3].

d. videlicet C. — e. ubi manque D. — f. ipsi manque D. — g. etiam manque C.

1. Derbend, au pied du Caucase, aurait été tournée en 1221 par Jäbä
et Sübötaï et prise en 1239 par les Mongols (Barthold, Derbend, dans
Encycl. Islam, I, p. 968).
   2. C'est en 1240 que le couvent dominicain de Tiflis avait été fondé
(cf. B. Altaner, Die Dominikanermissionen des 13. Jhdts...) ; les informations
de Simon avaient été recueillies par lui lors de son passage en Géorgie ou
de son séjour au camp mongol, en 1247.
   3. A. Molinier avait attribué cette partie du chapitre 89 (depuis Cum
enim dicant) à l'Historia Scolastica de Pierre le Mangeur (Patr. lat.
CXCVIII, col. 1498). En fait le passage paraît bien être de Simon, les
Dominicains de Tiflis y étant expressément mentionnés comme les auteurs
d'une enquête sur cette légende. Sur celle-ci, cf. Ivar Hallberg, L'Extrême-
Orient dans la littérature et la cartographie de l'Occident des XIIIe, XIVe et
XVe siècles, Göteborg, 1907, gr. in-8o, pp. 260-265 (qui ignore notre
auteur), et A. R. Anderson, Alexander's gate, Gog and Magog and the
Inclosed Nations, Cambridge (Mass.), 1932, in-4o, avec son compte rendu
par Phillips Barry dans Speculum, t. VIII, 1933, pp. 264-270. Notre passage
est édité (p. 71) par M. Anderson. Les Juifs dont il s'agit sont sans doute
les Juifs montagnards, de langue géorgienne ou tate, du Daghestan et de
Tchétchénie, venus, semble-t-il, d'Iran avec l'invasion arabe (A. Byhan,
La civilisation caucasienne, trad. G. Montandon, Paris, 1936, in 8o, pp. 229-
240). Cf. aussi notre article sur L'Extrême-Orient légendaire au Moyen Age
(Annales d'Éthiopie, t. II, 1957), pp. 228-229.

XXXI, 95. — De Georgianorum destructione
(ex historia Tartarorum).

Anno prenominato, scilicet ab incarnatione Domini MCCXXI[a], Tartari Georgiam intraverunt eamque vastare ceperunt[1]. Quidam vero magnus baro Georgie cum filis et uxore sua a facie illorum ad montes Caspios fugit salvacionis causa. At in via illa tres magni latebant Tartari, rapiendorum causa spoliorum invicem confederati. Cumque per illa confinia vagarentur explorantes si possent invenire aliquid, unus eorum vestigia militis ac suorum in via deprehendit ; insecutus itaque vestigia baronem illum cum uxore et filio ac rebus[b] vivum apprehendit, et omnes cum rebus suis ad socios suos sicut inter se condixerant[c] introduxit. Cumque[d] inter se de particione rerum ac personarum[e] ita concordassent ut unus haberet baronem, alius filium, alius aurum et uxorem pro communi venderent[f], ille qui pro parte sua puerum habere debuit recusans dixit : « Numquid puer iste, qui quasi caniculus[g] unus est, pars mea erit, quem nutrire eciam me oportebit[h] ? Absit ! » Tandem igitur in hoc alias[i] concordaverunt quod[j] pater et filius occiderentur et aurum in communi divideretur vel[k] partiretur et mulier venderetur, quod et factum est ; illaque[l] mulier que coram se maritum et filium occidi pariter vidit, postmodum in Georgia monialis effecta monasticam vitam duxit. Quia vero Tartari in signum glorie atque victorie et numeri occisorum certitudinis habende, unum de mille occisis quasi millenarium[m] capite subverso ac pedibus erectis in locum eminentem erigere consueverunt, in vastacione Triphelis[n] Georgie civitatis pro habenda certitudine de suis occisis .VII. homines ibidem, pedibus erectis, capitibus[o] suppositis, in .VII. diversis locis supereminentibus

---

(95) a. MCCXX° *ACD.* — b. ac filio rebusque *ABC.* — c. contradixerant *E.* — d. Cum autem *ABC.* — e. persona *B.* — f. tercius uxorem et aurum pro communi venderent *DE.* — g. caniculos *B.* — h. me eciam nutrire oportebit *A ;* m. e. n. oportebat *B ;* eciam me nutrire oportebit *C.* — i. alias *manque AB ;* aliis *D.* — j. ut *B.* — k. dividetur vel *manque ABC.* — l. illa quoque *B.* — m. millenariis *A.* — n. Tripolis *D.* — o. capitibusque *BC.*

1. C'est durant l'hiver 1220-1221 que les chefs mongols Jäbä et Sübötaï firent leur première invasion en Géorgie : cf. Brosset, *op. cit.*, I, p. 492, et Kirakos, éd. Dulaurier, dans *Journal Asiatique*, 1858, I, pp. 197-198.

infixerunt ; sed et parum ante Tartarorum adventum in eadem civitate occisi fuerant a Corasminis[p], ut jam dictum est supra, .vii. milia hominum. Et postquam ibi[q] facta est[r] occisio tanta subsecuta est fames inaudita[1].

XXXI, 96. — *De crismate Georgianorum et erroribus ipsorum.*

Hec autem[a] terra, videlicet Georgia, ab antiquis temporibus Antyoceno patriarchatui[b] erat subjecta cum Armenia et Cappadocia sive Turquia. Accidit autem in Turquia tantam fuisse guerram quod Georgiani non potuerunt transire per Turquiam in Antiochiam causa visitacionis vel confirmacionis et aliorum que immediate pertinent ad patriarcham. Habito igitur[c] inter se consilio miserunt nuncios suos per mare Constantinopolim et inde Antiochiam postulantes a patriarcha ut eis unum catholicum[d], id est universalem episcopum, concederet, qui eis loco patriarche existeret[2]. Tunc

---

p. Chorasminis *ABC*. — q. sibi *E*. — r. facta est ibi *B*.

(96) a. est autem *AB* ; est *E*. — b. patriarche cui *A* ; patriarcha cui *E*. — c. itaque *AB*. — d. catholicoch *AC* ; catholicon *B*.

1. Simon paraît confondre les deux invasions de la Géorgie par les Mongols ; il est d'ailleurs possible que cette confusion soit plutôt le fait de Vincent de Beauvais. Le raid de 1221 avait été un épisode sans lendemain ; la Géorgie avait eu ensuite à souffrir des conquêtes de Jalâl al-Dîn ; mais la soumission de ce pays fut l'œuvre du général mongol Čormaqan (le *Cirpodan* de Plancarpin, qui raconte ses campagnes dans son chapitre v et précise qu'il imposa aux Géorgiens un tribut annuel de 40.000 hyperpères) et se place entre 1232 et 1238 : cf. Kirakos, *loc. cit.*, p. 233 ; B. Spuler, *Mongolen in Iran*, pp. 36-37 ; *History of the Nation of the Archers*, p. 297.
2. L'institution du catholicos de Géorgie présente encore certaines obscurités : cf. M. Tarchnišvili, *Die Entstehung und Entwicklung der kirchlichen Autokephalie Georgiens*, article paru dans *Kyrios*, t. V, 1940-1941, et réimprimé dans *Le Muséon*, t. LXXIII, 1960, pp. 107-126, par les soins de M. G. Garitte, professeur à l'Université de Louvain, auquel nous sommes redevables de précieux renseignements. Une tradition géorgienne tardive, discutée par Brosset (*op. cit.*, t. II, p. 433), plaçait au début du xiie siècle, à la suite de l'occupation d'Antioche par les Latins, le rétablissement du catholicosat géorgien : le P. Tamarati en a fait justice dans son *Histoire de l'église géorgienne*, Rome, 1910, in 8o, pp. 205 et 248 et suiv. La création d'un catholicos paraît en fait être intervenue à la fin du ve siècle, soit à l'instigation du roi Wakhtang soucieux de lutter contre l'influence monophysite, par les soins du patriarche de Constantinople, soit plutôt à l'instigation des monophysites eux-mêmes, par les soins du

patriarcha misit eis ampullam crismatis dicens ut de illo a septimo anno in septimum annum[e] catholicos[f] crisma paululum, scilicet immiscendo de ipso cum oleo novo conficerent, et ad hoc faciendum omnes episcopi convenirent. Quod et fecerunt usque nunc et illud crisma missum ab Antiochia in Georgiam ut dicitur reservatur adhuc[1]. Cum eodem vero[g] crismate misit patriarcha litteras cuidam archiepiscopo continentes ut ille quem ipsi communiter eligerent canonice potestatem haberet confirmandi catholicos[h], et ita factum est. Quoniam ergo sic fecit illis[i] patriarcha, dederunt illi Georgiani .c. casalia. Post hoc[j] accidit quod patriarcha Hierosolimitanus depauperatus venit ad Antyocenum patriarcham, conquerens et ostendens ei suam paupertatem. Tunc Antyochenus dedit ecclesie Hierosolimitane et fratribus de Sepulcro .c. illa[k] casalia que sibi Georgiani dederant antea. Hec itaque casalia modo tenet archidyaconus frater Sepulcri Domini ex parte Hierosolimitani patriarche et capituli de Sepulcro in Georgiam missus, illaque possidens a Tartaris quamplurimum sicut alii[l] est impeditus[2]. Sunt autem in Georgia tam episcopatus quam archiepiscopatus .xviii., sed catholicos[m], id est universalis episcopus, crismales coepiscopos facit et illis mediantibus crisma ceteraque sacramentalia vendit ; mulierem

---

e. annum *manque B.* — f. catholicoch A ; catholichos B ; catolichoc C. — g. vero *manque ACD.* — h. catholicoc A ; in catholichoch B ; catolichoc C. — i. sic eis fecit B. — j. hec B. — k. illa *manque DE.* — l. sicut et alii B. — m. catholicoc A ; catolichoc C.

---

patriarche d'Antioche Pierre le Foulon. Mais c'est à la suite de l'invasion arabe, qui aurait provoqué une vacance du catholicosat depuis le viie jusqu'au milieu du viiie siècle, que le patriarche d'Antioche aurait remis aux évêques géorgiens eux-mêmes l'élection et la consécration de leur catholicos, sous réserve de la reconnaissance de sa primatie et du versement annuel d'une rente de mille drachmes : cette rente fut par la suite, comme le rapporte un peu plus loin Simon, cédée par le patriarche d'Antioche Jean III (997-1022) à celui de Jérusalem. Et c'est sans doute au rétablissement du catholicosat réalisé au viiie siècle que fait allusion la tradition rapportée ici.

1. Sur l'envoi du chrême destiné à l'onction épiscopale en Géorgie, cf. M. Tarchnišvili, *art. cit.* Jusqu'au ixe siècle, ce chrême aurait été envoyé de Jérusalem, et non d'Antioche.

2. Rubruck (éd. Van den Wyngaert, dans *Sinica Francisc.*, I, p. 324) mentionne aussi la présence d'un prieur du Saint-Sépulcre en Géorgie. Cf. J. Richard, *Quelques textes sur les premiers temps de l'église latine de Jérusalem*, dans *Recueil... offert à M. Cl. Brunel*, t. II, p. 426.

sterilem, quia[n] sterilis est, a marito mediante[o] pecunia dividit. Monachi quoque et abbates Georgiani aperte simoniaci sunt et usurarii. Itaque cancellaria Georgie[p] a monachis emitur et publice possidetur.

XXXI, 97. — De vastatione Armeniorum.

Post Georgiam intraverunt Tartari majorem Armeniam et eam[a] vastaverunt sibique subjecerunt. In Armenia est civitas nobilis que Ani[b] vocatur, ubi sunt mille ecclesie ac .c. milia familie seu domus inhabitate[1], quam Tartari ceperunt in .xii. diebus. Est[c] eciam ibi prope eam[d] mons Arath[e]. Ibi[f] requievit archa Noe, et in pede montis illius est prima civitas quam edificavit ibi[g] Noe, et vocatur hec civitas Ladivine[h][2]; circa illam defluit fluvius Arathosi[i] qui fluit per medium Mongan[j], ubi sunt in hieme Tartari, usque in Mare Servanicum[k][3]. Est autem mons ille videlicet Arath excellentissimus nec unquam illuc ascendisse dicitur homo nisi monachus unus. Ille siquidem, quodam devocionis ut dicitur[l] ardore commotus propter archam Noe que ibi requievit, multociens illuc ascendere quibus potuit conatibus attemptavit. Cumque aliquam montis partem ascenderat et membra corporis fatigata quieti dabat, semper post

---

n. que *AE.* — *o.* mediantibus *E.* — *p.* Geordie *C.*

(97) *a.* et *manque A ;* eamque *BC ;* eam *manque D.* — *b.* Any *B ;* Am *D.* — *c.* et *DE.* — *d.* Ani *A ;* Any *B.* — *e.* Arach *E.* — *f.* ubi *BC.* — *g.* idem *B.* — *h.* Ladnune *AB ;* Laudume *D ;* Laudumie *E.* — *i.* Arathasi *A ;* Arathsi *BC.* — *j.* Mongam *D.* — *k.* Sarvanicum *ABC ;* Sarmaticum *D.* — *l.* ut dicitur, quodam devocionis *ABC.*

1. Ces indications ont été reprises dans Mandeville (I. Hallberg, *op. cit.,* p. 11).

2. Cette cité fondée par Noé pourrait être Nakhitchévan, bien que l'assimilation Nakhdjavan-*Ladivine* soit discutable (Saint-Martin, *Mém. hist. sur l'Arménie,* I, p. 267). Chez Rubruck, c'est *Cemanium* (Etschmiadzin ? Ce nom évoque le *Themanin* des Syriaques; cf. Rockhill, *The journey of William of Rubruck,* London, 1900, p. 269 et Saint-Martin, p. 263); chez Jourdain de Séverac, *Semur,* et chez Clavijo, *Calmarin,* ville ruinée par les Mongols (laquelle s'identifierait à Surmali, d'après Hallberg, *op. cit.,* p. 99 ; cf. aussi pp. 129, 182, 554).

3. Rubruck précise que l'Araxe perd son nom au moment où il se jette dans la Koura, qui se dirige ensuite, en traversant la plaine du Moghân, dans la Mer Caspienne ; celle-ci porte ici, comme chez Rubruck, le nom de Mer du Chirvân (la province où se trouve la péninsule d'Apchéron), alors que les Occidentaux l'appellent d'ordinaire « Mer de Bakou » (I. Hallberg, *ibid.,* art. *Bachu* ; Pelliot, *Notes on Marco Polo,* I, pp. 61-62).

quietem evigilans in pede montis se inveniebat. Tandem vero
Dominus, ejus affectui condescendens ejusque votum et oraciones
exaudiens, per angelum suum eum monuit ut semel ascenderet, ita
tamen ut decetero ascendere nullatenus attemptaret. Tunc ergo
securus ascendit et postea descendens inde secum ex archa unum
asserem detulit. Tunc in montis pede monasterium edificavit, in
quo eundem asserem tanquam pro sacris reliquiis devote collocavit[1].

XXXI, 98. — *De erroribus ipsorum.*

Armeni[a] quidem in sabbato Pasce comedunt ova et caseum in
vespere : dicunt enim quod Christus resurrexit in vespere sabbati
Pasce. Item[b] post Pasca comedunt carnes per omnes sextas ferias que
sunt septem videlicet usque ad Pentecosten. Diem Natalis Domini
nesciunt nullaque festa vel vigilias custodiunt nec quatuor tempora
noverunt. Per totam quadragesimam non[c] celebrant nisi[d] die sabbati
vel dominica, quia dicunt hominem jejunium frangere quociens[e]
celebrat. Propter hanc eciam causam in sextis feriis non celebrant,
ne scilicet jejunium frangant ; diebus autem quibus carnes comedunt celebrant quia tunc non jejunant. Multa vero faciunt jejunia :
in septimana ante septuagesimam que[f] dicitur jejunium sancti
Sarguis[g] [2], a secunda feria usque ad sabbatum jejunare incipiunt,

(98) *a.* Armenii *B.* — *b.* Iterum *AB.* — *c.* nec *ADE.* — *d.* nichil *B.* — *e.* quociens-
cumque *A* ; quoties *D.* — *f.* quod *B* ; quia *DE.* — *g.* Sargii *D* ; Sargnis *E.*

1. Rubruck rapporte la même tradition, mais sous une forme plus
voisine de celle que connaissait au ve siècle Fauste de Byzance (V. Langlois, *Collect. des historiens de l'Arménie*, I, p. 218) : un ange apporte une
planche de l'arche à saint Jacques de Nisibe. Selon lui, cette relique se
trouve à *Cemanium ;* en fait, elle était au xviie siècle au couvent d'Ayri-
vank, sur le lac de Gokča, d'où elle fut transférée à Etschmiadzin (A. Tcho-
banian, *Haï Etcher* [Pages arméniennes], Paris, 1912, pp. 104 et 114, note).
2. « Jeûne de saint Serge » (semaine avant la Septuagésime). La non-
célébration de la fête de Noël, comme l'usage de ne pas mêler d'eau au vin
du sacrifice, conséquences des croyances monophysites que signale Simon
chez les Arméniens, fut une des grandes difficultés que rencontra l'union
des églises romaine et arménienne aux xiiie et xive siècles. Cf. le texte de
Kirakos relatif aux négociations de 1198 : l'église de Rome demandait
selon lui aux Arméniens de célébrer la fête de Noël et les autres fêtes des
saints à des jours précis ; de réciter les heures du jour et de la nuit à l'église ;
de n'user que du poisson et de l'huile pour l'abstinence des vigiles de Noël
et de Pâques (*Documents Arméniens*, I, pp. 422-423, dans *Recueil des
Hist. des Croisades*).

et in sabbato et in dominica die[h] carnes comedunt. Idem et[i] in
ebdomada sequenti faciunt ; in quartis et sextis feriis oleum et
pisces non comedunt nec vinum bibunt nec eciam per totam quadragesimam, plusque illum peccare qui in quadragesima comedit
pisces vel oleum aut bibit vinum asserunt quam illos qui ad lupanar
vadunt. Porro in septimana ante quinquagesimam ita stricte
jejunant quod in secunda feria penitus abstinent ; in die martis
tamen aliquid[j] sine oleo et vino manducant et in die mercurri iterum
omnino[k] jejunant. In die jovis comedunt semel, in die veneris
omnino nichil, et in sabbato comedunt carnes. Et hoc quidem
jejunium faciunt majores ; infantes autem duorum mensium etiam[l]
sacrificio communicant et quoslibet indifferenter. In sacrificio
aquam non apponunt ; in lepore et urso et corniculis et hujusmodi
sicut Greci judaizant, et[m] in calicibus vitreis et ligneis celebrant.
Quidam eciam celebrant sine paramentis et[n] sacerdotalibus vestimentis omnino, quidam cum infula, quidam cum dyacono et
subdyacono. Si[o] aliquod festum in sabbato vel dominica[p] eveniat,
commemoracionem inde[q] faciunt tantum, sed nullum ut dictum
est celebrant festum. De purgatorio nichil credunt. Si[r] uxor alicujus[s]
adulteraverit, statim episcopus dat ei licentiam accipiendi aliam
et accipit. Monachi quoque et abbates et episcopi potacionibus
vacant eciam[t] plus quam laici. Sunt eciam monachi ac presbiteri
publici usurarii et simoniaci, multique illorum sacerdotes in divinacionibus errant et[u] inspectione granorum et hujusmodi[1]. Dicuntque
quod uxor sacerdotis, eo mortuo, non potest decetero maritari.
Preterea nullo modo concedere volunt quod Christus duas naturas
habuit. Dicunt eciam Georgiani quod in articulis .xxx. discordant

h. die manque ABC. — i. Item et AE ; Idem et iam BD. — j. aliquid tamen ABC. —
k. omnino iterum ABC ; omnino manque D. — l. etiam manque DE. — m. et manque A.
— n. id est ABC. — o. Sed si DE. — p. vel in dominica C. — q. in die C. — r. Sed
si ADE. — s. alicujus hominis C. — t. et A. — u. in A ; ex D.

1. P. Pelliot, Les Mongols et la Papauté, t. XXIV, p. 246 n. 1. Nous
pensons qu'il faut voir dans l' « inspectio granorum » un procédé de divina-
tion. Il ne semble pas en effet qu'il puisse s'agir de la coutume décrite par
Olivier de Paderborn, selon laquelle les prêtres choisissaient dans les
champs le grain que seuls ils devaient toucher pour en faire eux-mêmes
les hosties (Historia Damiatina, éd. Hoogeweg, Tübingen, 1894, in 8º,
p. 265).

a fide catholica ipsi Armeni[v], tantumque odium inter Georgianos et Armenos existit quod Georgianus dicit : « Si quis[w] nostrum habeat spinam in pede infixam, transiens ante Armenorum[x] ecclesiam, debet[y] spinam sustinere nec se ad pedem suum evellendi causa inclinare, ne pro hoc[z] videatur ante Armenorum ecclesiam ab omnibus Christianis vilipendendam inclinare »[1].

XXXI, 139. — *De tirannide Paperoissole et in Thurcos debachatione*[2].

Anno Domini .MCCXL., videlicet anno secundo antequam Tartari Turquiam[a] destruxissent, quidam Turquemannus in regno Turquie[b] contra soldanum se extulit[c] ac per duos menses et[d] fere dimidium[e] debachacionem suam exercuit. Hic Paparoissole[f] vocabatur et bajulacionem habebat super quatuor casalia. Qui cum die quadam equitaret per campos jumentum[g] suum pulcrum, quidam rusticus pedester ei occurit ejulans et clamans quia lupus rapuerat et in silvam deportaverat ejus filium. « O, inquit rusticus, audi me, homo, et adjuva miserum, faciamque te hominem divitem vel si malueris soldanum. » Cui Paparoissole[h] audita ejus causa et accepto

---

v. Armenii *B.* — *w.* aliquis *BC.* — *x.* Armeniorum *DE.* — *y.* debet se *E.* — *z.* per hujusmodi *A.*

(139) *a.* Turchiam *D.* — *b.* Turquie *manque DE.* — *c.* in regno se extulit *AB.* — *d.* ac *B.* — *e.* et dimidium fere *C.* — *f.* Paperoissole *DE.* — *g.* super jumentum *D.* — *h.* Paperoissole *DE.*

1. Les renseignements de Simon proviennent certainement de source géorgienne : l'échec tout récent d'une tentative d'union entre Géorgiens et Arméniens avait renforcé l'hostilité rituelle. La sévérité de l'*Historia Tartarorum* doit tirer son origine de Guichard de Crémone et des Dominicains de Tiflis. L'édition de Douai porte cette note marginale « Armenorum hereses ex Guidone Carmelita » : il ne peut s'agir que du carme Gui de Terrena, qui écrivit sur les hérésies et mourut en 1342, donc très postérieurement à notre ouvrage ; cette attribution est à rejeter entièrement.

2. Bâbâ Ishâq, surnommé Bàbâ Rasûl Allah (que Simon transcrit *Paparoissole*), aurait été le maître de Hajji Bektâsh, dont procède l'ordre des derviches Bektâshi (M. F. Köprülü, *Les origines du bektachisme*, dans *Actes du congrès intern. d'hist. des religions. Paris, 1923*, II, pp. 391-411). Il souleva les Turcomans de la région de Samosate et leurs chefs religieux (les *bâbâ'î*) contre le sultan seljoukide d'Anatolie : cf. Cl. Cahen, *Bâbâ'î*, dans *Encycl. Islam*, 2e éd., I, 2, p. 866, et *The Turks in Iran and Anatolia*, dans *A history of the Crusades*, II, Univ. of Pennsylvania, 1962, p. 690.

de promissione juramento, lupum insecutus ei puerum abstulit et
ad patrem reportavit[i]. Rusticus ergo puerum vivum letanter reci-
piens Paperoissole dixit : « Elige tibi quod vis de duobus promissis. »
Ille respondit : « Quis es tu qui sic incunctanter hoc[j] michi pro-
mittis ? » — « Ego sum, inquit, qui de nocte vado cum dominabus
que nimphe vocantur et sum Dei nuncius, et quidquid dixero tibi
eveniet. » Tunc ille : « Satis, ait, dives sum, sed fac me soldanum. »
Rusticus quoque ait : « Vade statim ad parentes tuos, quia magne
es parentele, et, congregatis in unum, dic quod nuncius Dei tibi
apparuit dicens Deum te velle soldanum esse. » Quod cum ille fecisset
incepit multa circa se casalia invadere atque destruere, omnibusque
cum quibus preliabatur prevalere. Cumque domum quandam Armenorum quasi castellatam obsideret, omnes suos pro posse animavit
ut viriliter pugnarent nichilque mali timerent quia nullus ibi[k]
moreretur neque vulneraretur. Hac igitur confidentia castrum assi-
lierunt, et illi de castro .VIII. de illis se expugnantibus[l] occiderunt
et quamplures alios vulneraverunt. Alii vero pugnantes, scilicet
occisorum fratres atque parentes de morte ipsorum dolentes
dixerunt Paperoissole[m] : « Quare sic decepisti nos et nostros ?
Morieris et tu sicut et illi. » Ille autem jurabat quia sic Dei nuncius
ei dixerat. « Dyabolus, inquiunt, fuit qui te sic decepit. » Tunc
ille subterfugium amentie sue querens et non inveniens dicebat :
« O Deus, quid facis, an dormis ? Loquar, inquit, omnibus astantibus vobis Deo crastina die et dicam ei cur michi et vobis tale quid
permisit accidere. »

XXXI, 140. — *De ipsius ac suorum destructione.*

Crastina vero die contra predictos Armenos insultum fecit ac
per medias scapulas perforatus ad mortem abscondi se[a] precepit
ita quod videri non posset quando mortuus esset. Nichilominusque
consolatus est suos dicens quod non propter ipsum a proposito quod
inceperant desisterent[b], sed viriliter insisterent quia victoriam et

i. portavit *B.* — j. hec *ABC.* — k. sibi *B.* — l. se expugnantibus se occiderunt *A ;*
pugnantibus *D.* — m. dixerunt : « Paperoissole... » *DE.*

(140) a. se abscondi *ABC.* — b. et desisterent *D.*

dominium, sicut[c] ei Deus mandaverat, de omnibus obtinerent.
Dixit eciam quod[d] cum foret mortuus iret loqui cum Deo super
his que acciderant racionem quesiturus. Quendam eciam pre ceteris
sibi de genere suo priusquam moreretur constituit ut preesset loco
sui eique obedirent ut sibi, certi quod Turquie[e] dominium obtinerent si in proposito et opere incepto permanerent. Ille igitur
institutus in opere cepto persistebat, et congregato secum .iii .m. hominum multitudine omnes sibi resistentes[f] occidebat ac destrue-
bat. Denique in terre vastacione tantam sibi pugnatorum multitudinem congregaverunt, et ita in brevi a Turcis reveriti sunt
quod eis libere Gazariam[g] [1] dum tantum[h] pax esset decetero firma
inter ipsos dare voluerunt[i]. Tunc trecenti Latini sive Franci[2], audientes Turquie[j] destructionem per istos fieri, convenerunt ad locum
ubi erant congregati atque in illos exilientes destruxerunt omnes,
Turcis[k] a bello fugientibus nec intrare conflictum audentibus[l] ;
unicus tantum Latinus mortuus fuit ibi, plures autem vulnerati.
Sic igitur[m] habita de Paparoissole victoria per Latinos, precepit
soldanus .ccc. milia soldanorum[3] eis dari, que omnia retinuerunt
ipsi Turci[n]. Siquidem eciam admirales[o] [4] sive bajuli Turquie[p] parti-
cipant furtis que in ea fieri consueverunt, pactum quoque de
habenda securitate cum furibus faciunt. Tunc Latini stipendia
quesierunt a bajulis soldani ; quibusdam vero solvere recusantibus,
dixit unus : « Justum est ut stipendia vobis solvamus, quia nos et
capita nostra per vos habemus. Siquidem altera die cum Paparoissole[q] veniret ad castrum nostrum omnesque recepti essemus in
tutiori loco .xi. milia pugnatorum, ille, videntibus oculis nostris,

---

c. sic *DE*. — d. quia *AB*. — e. Turchiae *D*. — f. resistentibus *D*. — g. Gasariam *ABC*.
— h. tamen *C*. — i. dare voluit soldanus *D*. — j. Turchiae *D*. — k. Turchis *D*. — l. audientibus *B*. — m. ergo *AB*. — n. Thurci *D ;* ipsi retinuerunt Turci *AB*. — o. admiraldi *D*.
— p. Turchiae *D*. — q. Paperoissole *DE*.

1. *Gazaria* est l'antique Césarée de Cappadoce, Qaisariya, actuelle
Kayseri.
2. Sur ces mercenaires, nous nous permettons de renvoyer à notre
article déjà cité *(About an account of the battle of Hattin)*.
3. *Soldani :* les pièces de monnaie d'or frappées au nom du sultan
(dinars *sûltani*). Cf. Claude Cahen, *Le commerce anatolien au début du
XIIIᵉ siècle*, dans *Mélanges Louis Halphen*, p. 96.
4. Émirs.

venit ad burgum et ibi accepit victualia quantum voluit, nec saltem unus qui contra illos exiret ex nobis fuit. Quoniam ergo vos Franci devicistis eos ante quos comparere non audebamus, justum est ut stipendia vobis[r] persolvantur. » Itaque non exercuit, ut dictum est, Paparoissole[s] tirannidem suam plusquam per duos menses ac dimidium[1], et tamen Turci per vices .xii. fuerunt vastati per eum erantque .xii. milia lancearum.

XXXI, 141. — *De longa Turcorum a Tartaris impugnatio.*

Porro Tartari pluries Turquie[a] terram invaserunt antequam illam[b] contererent ac destruerent. Nam per annos .xx. soldanus eum eis versus fines Qualat[c] habuit guerram, ita tamen quod non omnes barones Tartarorum sed unus tantum vel duo insurgebant[2]. Tandem audientes quod Paparoissole[d] tali modo et cum tam[e] paucis quasi cepisset victoriam de Turcis[f] obtinere, animati quamplurimum ex debilitate Turcorum, in anno sequenti Turquiam[g] integre invasere. Contigit autem in antecedenti anno destructionis ejus .ii. milia mulierum de Arseron ivisse ad balnea que per tres leucas ab eadem civitate sunt remota. Cum igitur in balneis essent, et[h] exercitum Tartarorum sibi supervenire viderent nec effugere[i] possent, cogitaverunt ut se Baionoi[j][3] totique suo exercitui perpetuo servituras offerent. Venientes igitur ei obviam in liris ac timpanis et

r. ut vobis stipendia *C.* — s. Paperoissole *DE ;* exercuit Paparoissole, ut dictum est *C.*

(141) a. Turchiae *D.* — b. ista *D.* — c. Squalat *A.* — d. Paperoissole *DE.* — e. tam manque *B.* — f. Thurcis *E.* — g. Turchiam *D.* — h. ut *DE.* — i. effigere *A.* — j. Baionoy *A ;* Bayonei *B ;* Bayonoi *C ;* Baiothnoi *D.*

1. Selon M. Cahen (*The Turks in Iran and Anatolia*, p. 691), la révolte dura en réalité deux ans. Cf. Ibn Bîbî, trad. H. W. Duda, pp. 216-220.
2. Khilat (ou Akhlat), sur le lac de Van, avait été l'enjeu d'une guerre opposant les Seljoukides, les Khwârizmiens de Jalâl al-Dîn, les Aiyûbides, les Géorgiens — mais non, semble-t-il, les Mongols, contrairement à l'information de Simon. Cf. H.-L. Gottschalk, *Al-Malik al-Kâmil von Egypten und seine Zeit*, Wiesbaden, 1958.
3. *Baionoi*, ailleurs *Baiothnoy* dans les mêmes manuscrits, est le *Baco, Bacho, Bayco* dont l'historien Haython signale l'envoi en Turquie par Ögödäi avec 30.000 guerriers mongols ; Pelliot lui a consacré une étude (*Les Mongols et la Papauté*, t. XXIV, p. 303 ; cf. aussi t. XXVIII, p. 34) en proposant de restituer son nom en Baiǧu, *noyan* étant le titre qu'il portait (sur celui-ci, cf. p. 93, n. 1). Cf. aussi F. W. Cleaves, *The Mongolian names in the History of the Nation of the Archers*, dans *Harvard Jr. of As. Studies,*

diversis musicis instrumentis que multe illarum secum habebant cantantes, coram Baionoi[k] se illi suoque[l] exercitui obtulerunt, nec sic tamen ejus animi ferocitatem mitigare potuerunt, sed omnes ibi statim precepit occidi. Accidit eciam parum ante Turcorum destructionem quod prope Severiazar[m] [1] quidam pauper christianus peregrinus Theutonicus a latronibus vulneratus, debilis et infirmus, mendicans a Turquemannis querebat sustentacionem. Tandem in extremam infirmitatem cecidit, Dominoque spiritum reddens in quodam casali expiravit. Illi vero Turquemanni in quodam fumario sepelierunt eum. At in subsequenti nocte et[n] pluribus noctibus aliis luminaria magna super eum visa sunt pluraque miracula ibi a Domino sunt ostensa, multisque admirantibus ac stupentibus ; cadius[o] [2] homo quidam dyabolicus nitebatur admirantes compescere dicens astantibus : « Non credatis quod ille fuit[p] christianus. Erat enim nacione Saracenus, sed forsitan a Saracenis deviaverat et ammodo ut Saracenus vivere proponebat[q]. Ideoque pro illo tanquam pro Saraceno talia operatur Deus. »

XXXI, 142. — *De nobilitate ac magnitudine regni[a] Turquie.*

Erat quidem illud Turquie regnum nobilissimum et opulentissimum. Ibi[b] civitates fere .c. exceptis castris et villis et casalibus.

k. Baionoy *A ;* Bayonoi *BC ;* Baiothnoi *D.* — *l.* totoque *E.* — *m.* Severiasar *ABC ;* Semanzar *D.* — *n.* pluribusque *AC ;* et *manque BE.* — *o.* cadrus *D.* — *p.* fuisset *A.* — *q.* et amodo proponebat vivere ut Saracenus *C.*

(142) *a.* regnit *A.* — *b.* ibique erant *AB ;* ibique *DE.*

t. XII, 1949, pp. 411-413. Baiǰu portait le titre de *qorči* (porte-carquois) ; il commanda en second l'armée confiée à Čormaqan en 1230 en vue de la conquête de la Perse. Il resta subordonné à la femme de celui-ci quand Čormaqan tomba malade (1241), puis il le remplaça (1242), commandant l'armée stationnée en Azerbeidjan jusqu'à l'arrivée de Hülägü. Il seconda ce dernier durant la campagne de 1256-1258. C'est lui qui soumit la Turquie et son nom revient souvent sous la plume des Arméniens et des Géorgiens. Cf. *Hist. of the Nation of the Archers*, éd. et trad. Blake et Frye, dans le même *Harvard Jr.*, pp. 299-303, 317 ; Juwaini, trad. Boyle, pp. 189, 507, 609. Le Sülemiš qui gouvernait la Turquie en 1298 aurait été son petit-fils (cf. Frye, dans *Harvard Jr.*, t. X, 1947, p. 236). Plancarpin, écrivant cependant en 1246-1247, ignore le nom de Baiǰu et attribue le commandement de son armée à *Cirpodan* (Čormaqan).

1. Nous devons à M. Cahen l'identification probable de ce lieu avec Sivrihisar, entre Nigde et Aqsaraï.
2. Le qâdi.

Ibi quoque Meledeme[c] que fuit ut dicitur patria[d] sancti Georgii[e] omnibus abundans bonis[1], ibi Labigarme[f] ubi Fridericus quondam imperator contrivit plus quam .cc. milia Turcorum[2], et tunc acquisivit Yconium, sed cum inde Hierusalem pergeret, in fluvium[g] del Saleph[h] submersus est, quo auditu Thurci nocte quadam in Francos insurrexerunt et illos occiderunt[3]. Savastia[i] comitatus est magnus sive regnum unde possidetur multitudo circumadjacentium castrorum ; ipsa est civitas Sebaste ubi beatus Blasius[j] ejusdem urbis[k] episcopus martirizatus est, et alii .XL. simul[l] martires[4]. Ibi quoque Finemigle[m][5] regio est ubi casalia valent civitates. Ibi eciam est fluvius sive stagnum spacii[n] trium dietarum[6], ibique[o] plures regales sedes, scilicet .XXV., quarum una est Savastia sive Sebaste ; alia vero Satellia ubi est sinus maris qui[p] dicitur goufra[q] Satellie[7] ; item la Candalour[r], ubi est thesaurus soldani, ac Meledini[s] civitas sancti Georgii ; item Arsaron[t] et Monfalquin et Calath et Rohais[u] que quondam dicitur Rages[v] civitas Medorum et Sasamesat[w] ubi fuisse dicitur una de crucibus duorum latronum[8]. Ex his eciam est

---

c. Melodeme *D.* — *d.* patris *CE.* — *e.* Gregorii *D.* — *f.* Labigarine *A.* — *g.* flumen *AB.* — *h.* Salef *C.* — *i.* Salvastia *D.* — *j.* Basilius *DE.* — *k.* urbis *manque B.* — *l.* similiter *D.* — *m.* Finenugle *A.* — *n.* spatium *B.* — *o.* Ibi *C.* — *p.* que *E.* — *q.* gaufra *DE.* — *r.* lo Caudolour *B ;* Lancandaloux *D.* — *s.* Meledim *A ;* Maledini *D.* — *t.* Arseron *AB ;* iterum Arseron *C.* — *u.* Rohaus *ABE.* — *v.* Reges *B.* — *w.* Sasamesar *A ;* Salamesat *D.*

1. Mélitène (Malatya), patrie de saint Georges.
2. Labigarme, en persan Āb-i garm (« l'eau chaude ») correspond à l'antique Therma, aujourd'hui Ilghun. On place d'ordinaire la victoire de Frédéric Barberousse à Philomelion (7 mai 1190) : il arriva à Therma le 11 mai. Nous devons cette identification à M. Minorsky.
3. Simon est le seul auteur qui mentionne l'occupation de Qoniya (aujourd'hui Konya) par une garnison allemande après le départ de l'empereur, et son massacre lorsque Frédéric se noya dans le Selef.
4. Le martyre de saint Blaise, évêque de Sébaste (Siwâs) se place en 316. Sur les Quarante martyrs, dont la passion aurait eu lieu à Sébaste, cf. *AA SS*, Martii, II, p. 12, et H. Delehaye, *The forty martyrs of Sebaste*, dans *American Catholic Review*, 1899, p. 161.
5. Philomelion, devenu Finimi, que Guillaume de Tyr appelle *Finemine* ou *Finiminis* (*Rec. Hist. des Croisades, Hist. Occ.*, I, 185, 250).
6. Le Touz Gheul ou lac Salé, au Nord de Qoniya, plutôt que le lac de Van, en Grande-Arménie.
7. Adalia, sur le golfe du même nom, la *Satalie* des textes français médiévaux.
8. *La Candelour :* Galonoros, qui devint 'Alâyâ lorsque le sultan 'Ala al-Dîn Kaï-Qobâd Ier l'eut enlevé aux Arméniens. — *Arsaron :* Erzeroum. — *Meledini :* Mélitène. — *Monfalquin :* Maiyafariqin. — *Calath :* Khilat. —

Iconium[x] et alie multe usque ad predictum numerum ex quibus est una, Nixaria nomine, de qua dicuntur a quibusdam Evangelicis tres reges sive magi fuisse[1]. Est eciam in eodem regno locus qui dicitur Sanctus Braisamus[y] ubi est monasterium monachorum[z] .ccc. cujus municio, si quando impugnatur ab hostibus, fertur seipsam movere machinasque jacentes in eosdem retorquere[2].

XXXI, 143. — *De opulentia ejusdem.*

Ibi tanta copia divitiarum quod admiraldus quidam in qualibet hieme ponebat ad presepe suum ordeaceum .x. milia arietum exceptis aliis qui erant in pascuis. Idem quoque .x. milia equorum ad presepe suum[a] ordeaceum preter illos qui erant in pascuis et in haraciis[3]. Soldanus autem habebat in terra sua .vi. vel secundum quosdam decem[b] argentearias quarum unica quotidie .x. milia soldanos valebat[c]; argentearia de Lebena[d] quotidie valet, ut dicitur, tres rotas argenti depurati, que valet .iii. milia soldanos, solutis operariis[4]. Itaque terra soldani valebat ei quotidie .cccc. milia

---

x. Yconium *AB.* — *y.* qui dicitur Braisamus *A* ; Braislamus *D.* — *z.* monachorum *manque ABC.*

(143) *a.* suum *manque C.* — *b.* .X. milia *DE.* — *c.* valebant *E.* — *d.* argentaria de Lebana *C.*

Rohais, aujourd'hui Urfa, autrefois Édesse, qui fut confondu au Moyen Age avec le Ragès du livre de Tobie. — *Sasamesat* est sans doute Samsat, autrefois Samosate.

1. Néocésarée, aujourd'hui Niksar.
2. Le couvent jacobite de Mar Barsauma, près de Gargar, sur le haut Euphrate (dont Marco Polo fait également mention, en parlant de Tabriz, sous la forme de Saint-*Barsamo* : cf. Pelliot, *Notes on Marco Polo*, I, p. 82).
3. Sur l'importance des haras possédés par les princes orientaux d'alors, cf. un passage de la *Vie du sultan Djelal ed-Din Mankobirti* (trad. Houdas, pp. 80-81) rapportant que le grand écuyer du sultan du Khwârizm affirmait avoir 30.000 chevaux rassemblés dans les écuries royales et pouvoir en réunir 30.000 autres à condition d' « en demander un à chacun des palefreniers des haras du sultan répandus dans le pays ». L'expression *presepe ordeaceum* désigne évidemment les écuries et les bergeries où le bétail était nourri (d'orge) pendant l'hiver.
4. Marco Polo place à Paperth (aujourd'hui Bayburt, entre Erzeroum et Trébizonde) la principale mine d'argent de Turquie : cf. *The description of the world*, éd. Moule et Pelliot, t. II, Londres, 1938, p. vi. Sans doute la *rote* dont il est question ici équivaut-elle au *rotulus* chypriote (rotl) qui

iperpera[e], id est .LVII. milia marcas argenti. Eris autem[f] minere sunt ibi tres, minere autem ferri plures. Est autem[g] alumnis minera[1] juxta Savastiam[h] que valet unam argentariam ; forum[2] equorum, unguenti et saponis reddit ei annuatim soldanos .CXX. milia, vinum[i] .CC. milia, aqua vero quotidie soldanos mille. Sunt eciam ibi ad minus .VIII. salinarie. Preterea apud Hacsar invenitur coccus[j][3] et alumnis minera ; color eciam indus ibidem versus Baudac[k] et copiosus habetur in Turquia[4]. In terra Iconii[l] inventa fuit azuris minera, sed superveniente terra est cooperta. Ibi eciam preter lanas ovium habent lanam caprinam optimam de qua fiunt capelli de bonet qui mittuntur venales in Franciam et[m] Angliam[5]. Itaque soldanus Turquie bene poterat .L. milia milites unicuique dando mille bizancios annuatim in redditu stipendiare. In adventu bajuli

---

e. ypersona *AB*. — f. Eris quoque *AC* ; erisque *B*. — g. etiam *ABC*. — h. Salvastiam *D*. — i. minera *E*. — j. coctus *DE*. — k. Baudath *D*. — l. Yconii *BC*. — m. venales in Franciam et *manque D*.

pesait environ 2,3 kg (cf. J. Richard, *Documents chypriotes des archives du Vatican*, Paris, 1962, p. 18, dans *Bibl. archéol. et hist.* de l'Institut français d'archéologie de Beyrouth, t. LXXIII).

1. L'importance qu'avait prise au XIIIe siècle l'extraction de l'alun turc, très demandé par l'industrie textile occidentale, a été démontrée par M. Claude Cahen, *Le commerce anatolien...*, p. 99, et *L'alun avant Phocée*, dans *Revue d'hist. écon. et sociale*, t. XLI, 1963, pp. 435-447. Il est difficile d'identifier les deux mines citées par Simon, l'une « près de Siwâs » et l'autre à *Hacsar*, avec celle de Qarahisar dont fait état M. Cahen dans le second de ces articles, p. 445.

2. S'agit-il du revenu que le sultan tirait des seuls souks de Siwâs, ou bien de tout le commerce des chevaux, des parfums, du savon, du vin, et de la vente de l'eau dans ses villes marchandes ?

3. *Hacsar* est-il Aqshehir, près de Siwâs, ou Aqsaraï, près de Konya ? *Coccus* désigne certainement le kermès ou graine d'écarlate que les Anciens connaissaient déjà comme un produit de l'Asie mineure. La draperie médiévale faisait surtout venir ce colorant d'Espagne, de Provence ou de Grèce ; mais on cite aussi la *grana de Romania* (E. Baratier et F. Reynaud, *Hist. du commerce de Marseille*, t. II, p. 132, note ; R. Ciasca, *L'arte dei medici e speziali nella storia e nel commercio fiorentino*, Florence 1927, p. 419).

4. L'indigo le plus réputé était celui de Bagdad *(Baudac)*, ville qui n'appartenait pas aux Seljoukides. Sans doute celui que Simon donne comme provenant de la région de Bagdad était-il produit dans la partie de la haute Mésopotamie soumise au sultan de Turquie.

5. Les indications de Simon sur l'origine orientale du tissu de *bonnet* dont on se servait pour faire les chapeaux (cf. le *Glossarium* de Du Cange) méritent d'être retenues.

Armenie[1] ad ipsum in Gazariam projecta sunt iperpera multa eique dimisit ad valorem .D. marcarum argenti vasa sua aurea et argentea[n] ; idem quoque Vathachio[o] [2] fecit cum ad ipsum venit. Dixit eciam quidam soldani thesaurarius quod in Casaria[p] (l. Gazaria) erant tres domus quarum una plena erat iperperis, due autem dragmis. Denique in anno quo contritus fuit soldanus a Tartaris, ante pugnam dedit .XVI. milia paria vestimentorum de samito[q] et de thabith, sarbois[r] exceptis[3].

XXXI, 144. — *De magnatibus subjectis ejus dominio.*

Porro rex Armenie minoris soldano Turquie in .CCC. lanceis per quatuor menses tenebatur servire, et[a] insuper eciam facere proclamare legem Machometi semel in anno in sua majori civitate, monetam quoque in terra sua fieri faciebat cujus medietas soldani erat[4]. Similiter dominus de Lambro tenebatur ei in .XXIX.[b] lanceis servire, eo[c] modo quo rex, scilicet[d] ad mittendum quocumque vellet mittere[5]. Vathachius[e] quoque in .CCCC. lanceis eidem serviebat quociens[f] vel quantum volebat. Item dominus de Trapesondes .CC. ei lanceas dabat, et soldanus Alapie[g] quociens volebat in mille

n. argea *B.* — *o.* Vatasio *C ;* Vatachio *D.* — *p.* casalia *BDE.* — *q.* samite *D.* — *r.* sarbons *AC ;* sarboris *B.*

(144) *a.* et *manque C.* — *b.* XXXIX *B.* — *c.* eodem *ABC.* — *d.* sed *D.* — *e.* Vatachius *D.* — *f.* quoties *D.* — *g.* Halapie *ABC.*

1. Constantin le « grand baron », régent de Petite-Arménie pour son fils Héthoum Ier.
2. Jean III Doukas Vatatzès, empereur grec de Nicée (1222-1254).
3. Samit, tabis : étoffes de soie. *Sarboa (serabula) :* pantalons.
4. La mention du sultan dans la prière publique *(khotba)* et sur les monnaies est la marque de la suzeraineté dans l'Orient musulman. Cf. Paul Z. Bedoukian, *The bilingual coinage of Hetoum I,* dans *Amer. Numism. Soc. Museum Notes,* t. VII, 1957, pp. 219-238.
5. Ces deux traités sont mentionnés et analysés, d'après le *Speculum,* dans V. Langlois, *Cartulaire de la chancellerie royale des Roupéniens. Le Trésor des chartes d'Arménie,* Venise et Paris, 1863, in-4°, pp. 211 et 214. — Kirakos de Gandzak (éd. Dulaurier, dans *Journal Asiat.,* 1858, I, pp. 433-436) nous informe de l'indépendance à peu près complète acquise par les seigneurs de Lampron (Namrun, dans le Taurus). Si le roi Léon avait mis à la raison Héthoum de Lampron, le « grand baron » Constantin, pour mettre son propre fils Héthoum sur le trône, dut rendre Lampron à Constantin, fils d'Héthoum de Lampron. C'est ce Constantin, qualifié de « prince des princes » (Thakadir) dans le royaume de Petite-Arménie, qui devait aider, en 1245, le sultan Kai-Koshrau II à envahir l'Arménie et qui fut exécuté avec un de ses fils en 1250.

lanceis eidem serviebat. Dominus de Melerdin et dominus de Danthape, dominusque de[h] Meredin et soldanus de Hameta[i], et ille de Camella[j] et soldanus Damasci et ille de Monferanquin[k] et ille de Haamant[l] [1] tenebantur ei, facto homagio ac juramento mediante, ipsum adjuvare secundum omne posse suum contra quoscumque. Itaque soldanus iste faciebat se proclamari dominum totius mundi, et quando filius ejus fuit natus clamari fecit quod natus esset[m] solis filius. Nunquam ibat cum minori societate quam .x. milia[n] hominum. Cumque adhuc esset in majori posse suo, dixit domino de Lambro quod ipse in persona propria volebat ire ad papam eique reddere totam[o] terram suam, dum tamen quiete possideret arcem unum. Et hoc quidem statim fieri voluisset nisi vel dominum de Lambro ab admiraldis interfici timuisset. Itaque dominus de Lambro consuluit ei ne iret sed potius mitteret. Postea vero ejus propositum impeditum nec ad effectum productum est[2]. Est autem in ejus

h. de *manque* D. — i. Hametha A. — j. et soldanus de Hameta et ille de Camella *manque* B. — k. Monferranquin A ; Monferaquin C ; Monteferraquin D. — l. Aamant C ; Hamauth D. — m. erat ABC. — n. quam cum X milibus A. — o. totam reddere ABC.

1. Avec les empereurs grecs de Nicée et de Trébizonde, et avec le seigneur de Malatya (Mélitène, *Melerdin*), Simon énumère parmi les vassaux du sultan les princes aiyûbides de Syrie, vaincus en 1234 par Kai-Qobâd en même temps que le seigneur d'Aïntab *(Danthape)* : celui d'Alep (al-'Aziz Mohammed, 1216-1236, puis al-Nâsir Yûsuf, 1236-1260), celui de Hama (Taqi al-Dîn II, 1229-1244), celui de Homs, « la Chamelle » pour les Croisés (al-Mansûr Ibrahim, 1240-1246), celui de Damas (al-Salih Ismaîl, 1239-1245), celui de Maiyafariqin (al-Muzaffar Ghâzi, 1220-1244), celui de Transjordanie (désignée ici par le nom de sa capitale, Amman, qu'on écrivait *Ahamanth* en 1161, et non par le terme courant de « province de Kerak et Schaubak » : cf. *Regesta regni Hierosolymitani*, éd. R. Röhricht, Innsbruck, 1893, pp. 96 et 378 ; le mâlik en était alors al-Nâsir Dawûd) ; et aussi le seigneur ortoqide de Mardin *(Meredin)*, Ortoq Arslân (1200-1239). Le nom de *Monferanquin* (plus haut *Monfalquin*) est-il passé à une bastide française, Montflanquin (Lot-et-Garonne) ?
2. Sur la faveur que les sultans de Qoniya témoignaient aux chrétiens, cf. Olivier de Paderborn, *Hist. Damiatina*, éd. Hoogeweg, p. 234, ad ann. 1219 : « Mortuus est etiam soldanus Yconii qui creditur baptizatus fuisse, qui tante benignitatis erat in Christianos ut, verram habens cum Sarracenis, solvi juberet Christi cultores quos vinculatos invenit in munitionibus quas expugnavit » (il est vrai que Kai-Kawûs recrutait parmi eux sa garde chrétienne). Pour Kai-Qobâd Ier, en lutte avec les princes musulmans, il envoya plusieurs ambassades au pape entre 1230 et 1234 : son vassal chrétien Jean Gabras, en mai 1234, était chargé de lui concilier également l'alliance de Frédéric II (Raynaldus, *Annales ecclesiastici*, 1235, XXXVII).

regno fortissimum castrum, quod Candelaria dicitur[1], ubi est thesaurus ipsius, et dicitur quod ibi sunt .xvi. pitharie[p] plene auro depu-
rato in ipsis liquato[2], exceptis lapidibus preciosis et pecunia multa
nimis. Hec autem omnia per Francos acquisivit eciam a tempore
Godefridi de Builloin[q] et episcopi del Pin[r] (l. Pui)[3], sed postquam a
Francis se soldanus retrahere cepit, nunquam ut prius veritus fuit.

XXXI, 145. — De soldano ibidem per Francos constituto.

Siquidem et Gaiasadinus qui tempore destructionis regni erat
soldanus per Francos in regnum fuit exaltatus[4]. Cum enim Haladinus[a] soldanus[b] moriturus esset, dedit eidem filio suo Gaiasadino[c]
gladium suum tanquam vero heredi, cum tamen illegitimus esset
et Haladinus[d] ipse duos filios ex sorore soldani Babilonie legitimos
haberet. Habuerat autem Haladinus[d] unum admiraldum nomine
Sadadinus qui omnibus admiraldis preerat omniumque capita absci-
derat. Mortuo igitur Haladino[e] venit iste Sadadinus et dixit Gaiasadino : « Veni mecum et ego te modo faciam[f] soldanum. » Tunc apud

p. pithacie D. — q. Bulloni C. — r. Delphin C.
(145) a. Aladinus C. — b. soldanus manque D. — c. Gaisadino C. — d. Aladinus A C.
— e. Aladino C. — f. modo te faciam A B D ; faciam te modo C.

1. Candelore ('Alaya).
2. Cf. Joinville, éd. N. de Wailly, no 141 : « il avoit fait fondre grant
partie de son or en poz de terre [les pithaires, du grec pithos, dont il est
souvent question dans les textes de Chypre], la où l'on met vin outre mer,
qui tiennent bien troys muys ou quatre de vin ; et fist brisier les poz ; et
les masses d'or qui estoient demourées à descouvert enmi un sien chastel...
en y avoit bien six ou sept ».
3. Adhémar de Monteil, évêque du Puy et chef, avec Godefroy de
Bouillon, de la première croisade : la Chanson des Chétifs fait déjà état de
la présence de Francs passés — involontairement et comme prisonniers —
au service du sultan seljoukide ou d'autres chefs turcs : cf. Claude Cahen,
La Syrie du Nord, pp. 573-574. D'autres furent recrutés parmi les croisés
laissés à Adalia en 1148 : Eudes de Deuil, éd. Waquet, p. 79. Mais il semble
que ce soit surtout après la 3e et la 4e croisade que le nombre des mercenaires francs dans l'armée turque devint considérable.
4. Ghiyâth-al-Dîn Kai-Koshrau II (1237-1245), fils d'Alâ'-al-Dîn Kai-
Qobâd Ier et de la concubine Mahperi Khatûn, évinça son frère Izz-al-Dîn,
désigné comme successeur, avec l'aide de l'émir Sa'd-al-Dîn Göbäk ou
Köpek (Sadadinus). Kai-Qobâd était mort au château de Kaiqobadiya
(Conquebac) qu'il avait fait bâtir près de Qaisariya. Cf. H. W. Duda,
Die Seltschukengeschichte des Ibn Bîbîs, Copenhague, 1959, pp. 131, note,
et 199.

Conquebac domum quandam soldani juxta Gazariam*g* ad leucam erant ubi, scilicet in Gazaria*h*, .xvi. milia Corasminorum in solidis soldani consistebant et ex se quidem soldanum facere volebant, sed Francos mirabiliter timebant qui usque ad mille ibi tunc*i* erant. Venit ergo Sadadinus et Gaiasadinum accepit eumque in Gazariam duxit. In illo autem itinere obviaverunt Latinis sive Francis qui ad Conquebac ibant causa preceptum audiendi, quibus ait Sadadinus : « Ecce Gaiasadinus dominus vester atque soldanus : ipsum ergo conducite*j* et in sede sua statuite. » Quod et fecerunt in dovanam*k*, id est in domum soldani¹, eum ducentes et in ejus sede statuentes. Itaque statim audito quod Gaiasadinus*l* esset in sede soldani, venerunt omnes admiraldi eidem inclinare ac pedem ipsius osculari. Ipse vero Francos, quia in sede eum*m* posuerant, pedem suum osculari non permittebat, sed manum eis*n* porrigebat. Cumque timeret ne admiraldi se conjungerent*o* matri sue et fratribus et occideretur ab eis, cum non esset heres legitimus, dixit ei Sadadinus : « Esto securus quia sic faciam de illis ut te timere non oporteat. » Fecit igitur eos cum matre occidi ambos. Postea vero idem Sadadinus occidit soldanos omnes preter tres, voluitque ipse esse soldanus et cordam pro soldano strangulando portavit cum qua inventus est atque in malicia sua preventus a quodam admiraldo, Mergedac² nomine, qui fuerat christianus. Hujus ergo comperta fidelitate et illius falsitate occisus est Sadadinus et in ejus loco Mergedac substitutus est.

XXXI, 146. — *De probitate Francorum contra Tartaros.*

Preterea contra Tartaros longo tempore Turcos, ut dictum est, impugnantes, Franci tantummodo .ccc. perrexerunt et bis eos confregerunt, unaque die post horam eciam nonam quemdam eis montem in quo erant abstulerunt. Contigit autem in precedenti anno prefate Turquie destructionis ut capti essent duo Franci apud

---

g. Gasariam *ABC*. — *h*. Gasaria *ABC*. — *i*. tunc ibi *D*. — *j*. adducite *B*. — *k*. Dodanam *D*. — *l*. Gaiadinus *C*. — *m*. quia ipsum in sede *C*. — *n*. ejus *DE*. — *o*. conjugeret *D*.

1. *Dovana*, notre « douane », est le *diwân*.
2. *Mergedac* paraît être la transcription du titre d'*amîr jândâr* (commandant de la garde) que portait l'émir Husam-al-Dîn Qaraja, lequel débarrassa Kai-Koshrau de son vizir (*Ibn Bîbî*, pp. 208-210). Par *omnes soldanos*, Simon entend-il « tous les princes de la famille sultanale » ?

Arsengan a Tartaris, quorum unus vocabatur Guillermus de Brundusio, alter vero Raimundus Guasco*a* [1], cumque tenerentur captivi, quidam Tartarorum qui audierant quod Franci fortes bellatores erant, suggesserunt ceteris majoribus ut illi duo pugnarent inter se, quia modum pugnandi eorum libenter aspicerent, congaudentes ipsorum interfectioni manibus ipsorum faciende. Itaque de communi majorum assensu factum est ut inter se pugnarent illi duo Franci, equis et armaturis prout fieri potuit competenter preparati*b*. Cum autem armarentur et prepararentur, inter se sunt collocuti quod sive sic, sive sic, de necessitate ac sine dilacione oportebat eos mori, ideoque quod Tartari sperabant ipsos invicem facturos de seipsis ipsimet pariter facerent de Tartaris. Hoc itaque communi assensu inter se firmaverunt, Dei misericordiam sibi affuturam invocantes ac fortassis*c* invicem sibi de peccatis suis confitentes. Preparati ergo ad prelium alter alteri cominus quasi congrediens ac*d* velut in comparem suum insiliens in Tartaros irruerunt, primo quidem lanceis et postea gladiis eos confodientes ac detruncantes, ita quod .xv. ex eis interfecerunt et alios .xxx. graviter vulneratos antequam ab illis interfecti fuissent ibidem reliquerunt. Propter hec et his consimilia*e* Francos sive Latinos, id est Christianos, precipue timent Tartari et similiter eciam Turci. Unde cum in Arsenga Francus quidam Placentinus occidisset quendam Turcum, hac de causa marescallus exercitus capi et suspendi jussit*f* eundem Placentinum. Quo audito Franci omnes in unum convenerunt et firmaverunt inter se quod si suspenderetur Francus, omnes irruerent in mortem Turcorum. Hoc cum audissent Turci, michil amplius agere sunt ausi. Erant tamen tunc ibi .lx. milia Turci, Franci vero .dcc. Alias quoque cum totidem utrobique congregati essent, Turci voluerunt imponere Francis ut castrum quod dicitur Semesac munirent[2]; unde Franci eciam*g* tunc contra illos insurgere volebant, quia se tam viles reputabant.

(146) *a.* Gualco *B.* — *b.* preparari *C.* — *c.* fortassis sic *DE.* — *d.* ac si *B.* — *e.* similia *ABC.* — *f.* jussisset *A.* — *g.* unde etiam Franci *C.*

1. Les deux « Francs » captifs à Erzinjan seraient un Italien, Guillaume de Brindisi, et un Français du Midi, Raymond Gascon. On nous cite plus loin un autre Italien, de Plaisance.

2. *Semesac* est-il Samosate ?

XXXI, 147. — *De destructione quarundam Turquie[a] civitatum.*

Anno itaque Domini .MCCXLII.[b], Tartari omnes primam Turquie[c] civitatem invaserunt eamque destruxerunt. Siquidem antea,
ut dictum est supra, per .xx. annos regnum illud impugnaverunt,
ita tamen quod unus eorum baro vel duo tantummodo contra illud
insurgebant. Omnes autem similiter Arseron per .xx. dies obsederunt. Est autem Arseron, ut dicitur, terra Hus in qua quondam
beatus Job dicitur habitasse et in ea regnasse[1]. Cumque civitatis
hujus habitatores a Tartaris obsessi succursum a domino suo soldano prout erat necesse non haberent nec adversus Tartarorum
multitudinem prevalere possent, cogitaverunt inter se Tartaris
reddere civitatem, eo pacto ut nulli eorum aliquam lesionem vel
mortem inferrent, sed ut servos suos et sclavos tenerent illos atque
salvarent. Ad hoc autem offerendum et firmandum miserunt eis
saana, id est civitatis bajulum[2]. Itaque Tartari peticioni eorum
annuerunt et secundum modum suum jurantes omnia petita firmiter
se[d] servaturos promiserunt ; intrantes autem urbem statim confederacionem prefatam ruperunt, omnesque civitatis habitatores occiderunt. Sic quoque fraudulentam pacem et confederacionem habitatoribus Arsengan[e] civitatis fecerunt et post introitum in eam[f]
omnes similiter occiderunt. Habitatores autem Savaste non occiderunt quoniam illis obviam claves civitatis eis offerentes[g] exierunt,
totam tamen civitatem depredati sunt et juvenes ac juvenculas
et quamplures alias mulieres rapientes secum eduxerunt, que tamen
omnia prius se nullatenus facturos[h] esse promiserant atque jura-

(147) *a.* Turchiae *D.* — *b.* Mccxlvii *B.* — *c.* Turchiae *D.* — *d.* se firmiter *D.* —
e. Arsengam *AC ;* Arsengae *D.* — *f.* eum *A.* — *g.* claves ejus offerentes civitatis *C.*
— *h.* facturos nullatenus *AB.*

1. La terre de Hus, patrie de Job, que Simon de Saint-Quentin place
à Erzeroum, fut identifiée au xive siècle à Urgendj, au Khwârizm, par le
missionnaire franciscain Pascal de Vittoria (Hallberg, *op. cit.*, p. 248).
Sur le sac d'Erzeroum, cf. Kirakos, p. 427, et *History of the Nation of the
Archers*, éd. Blake et Frye, p. 307.
2. Ce « bailli de la cité » est le *shihnah*, ou commandant de la garnison
(sur cet officier, cf. Cl. Cahen, *The Turkish invasion*, dans K. Setton,
A history of the Crusades, t. I, Univ. of Pennsylvania Press, 1955, p. 156).
Le rôle que ce personnage joua dans la reddition d'Erzeroum aux Mongols
est confirmé par Ibn Bîbî.

verant. Cum autem Gazariam[i] que alio nomine dicitur Cesarea
Capadocie[1] obsiderent, duo Franci qui erant in urbis illius presidio
dixerunt quod si plures Francos secum[j] habuissent semper a Tartaris in illo presidio se defendissent nec ullas eorum machinas vel
impugnaciones[k] timuissent. At vero miseri Turci, quia viles et
effeminati sunt, ultro se illis reddiderunt. Venientes autem Tartari
ante dictam urbem pecierunt tantummodo sibi omnia animalia civitatis[l] reddi et juramentum fidelitatis prestari. Tunc itaque Turci
quasi jam securi de illorum promissione exierunt ad illos causa
fidelitatis confirmande. Illorum autem qui exirunt Tartari .c. milia,
vel potius secundum quosdam .ccc. milia, interfecerunt ; cumque
jam essent intra urbem quam ceperant, audientes dici quod rex
Armenie minoris veniebat in succursum Cesaree, cum tamen paucos
et quasi nullos contra Tartarorum multitudinem posset habere
debellatores, de nocte tamen fugerunt, quecumque lucrati fuerant
exponentes[m] ; postea tamen redierunt, cum eundem regem non
venturum audierunt[2].

XXXI, 149. — *De vastatione Hungarie et Polonie per Batho[a] ducem Tartarorum (ex Historia Tartarorum)[b].*

Anno quoque Domini circiter[c] .MCCXLII. Tartari vastaverunt
Poloniam et Hungariam cum principe suo nomine Batho. Post
destructionem quippe Corasminorum[d] rex Tartarorum Cingiscam[e]
eundem Batho ducem cum exercitu in partibus aquilonis miserat,
ubi super[f] mare Ponticum Russiam, Gasariam[g], Sugdaniam, Gut-
tiam[h], Ziquiam, Alaniam, Appoloniam[i] ceteraque regna que omnibus computatis erant .xxx. et utramque Comaniam[j] acquisiverat[3].

i. Gasariam *ABC* ; Gazaziam *E*. — j. secum Francos *AB*. — k. impugnatores *ABDE*.
l. civitatis animalia *C*. — m. exportantes *D*.

(149) a. Bato *C*. — b. Francorum *D*. — c. Annoque Domini *B*. — d. Chorasminorum *ABC*. — e. Chingiscam *ABC*. — f. supra *AB* ; in partes aquilonis miserit. Ibi
supra *C*. — g. Gazariam *CD*. — h. Gurtiam *A* ; Guctiam *C* ; Guelriam *D* ; Guerciam *E*.
— i. Poloniam *D*. — j. Comanam *D*.

1. Qaisariya, Kayseri.
2. Les massacres d'Erzinjan et Qaisariya et la grâce — relative —
accordée à Siwâs (1243) sont confirmés par Kirakos, *loc. cit.*, p. 430.
3. Simon énumère ici : la Russie ; les différentes parties de la Crimée :
la Gazarie ou pays des Khazars, le pays de Sudak (Soldaïa, en grec *Soug-
daia*) et la Gothie, qui devait son nom à un rameau des Goths, lesquels

Denique Hungariam eciam pro magna parte destruxit et usque ad fines Theutonie prosilivit. Cum autem Hungariam ingressurus demonibus immolaret consulens eos utrum illuc transire auderet, ei a demone in idolo habitante responsum est : « Vade secure, quia mittam tres spiritus ante faciem tuam a facie quorum adversarii tui non poterunt tibi resistere », quod et ita factum est. Spiritus enim illi fuerunt spiritus discordie, spiritus incredulitatis et[k] spiritus timoris ; hi sunt tres spiritus immundi in modum ranarum, ut legitur in Apocalypsi[1]. ⟨Siquidem et ex ipsis Tartaris qui Poloniam et Hungariam invaserunt plures ibidem interfecti fuerunt. Et siquidem Hungari non fugissent, sed viriliter restitissent, Tartari confusi de finibus eorum exivissent, omnes quippe tantam timorem habebant quod fugere unanimiter attemptabant. At ipse Batho dux eorum evaginato gladio in faciem eis restitit et dixit : « Nolite fugere, quia si fugitis nullus evadet a morte ; et siquidem mori debemus omnes, ut insimul moriamur. Nam profecto futurum est ut predixit rex noster Cingiscam quod interfici debeamus et si nunc tempus est sustineamus. » Sic igitur animati remanserunt et Hungariam in parte destruxerunt⟩.[2] Porro fratres ordinis Cisterciensis in quodam monasterio suo Hungarie cum quibus erant fratres predicatores fratresque minores eisdem restiterunt viriliter[l] plus quam per sex menses, nullamque impugnacionem eorum[m] metuentes[3]. In Tartaris quippe vigor et fortitudo deficit cum[n] eis aliquis viriliter

k. et manque ABC. — l. eisdem viriliter restiterunt C. — m. eorum impugnacionem C. — n. nec cum AB.

restèrent fidèles durant tout le Moyen Age à leur dialecte germanique (cf. A. A. Vasiliev, *The Goths in the Crimea*, Cambridge (Mass.), 1936, in-8°) ; le pays des Ziques ou Tcherkesses, dans le Kouban actuel ; le pays des Alains, entre le Kouban et la mer Caspienne, dans les steppes du Manytch (cf. Bretschneider, *Mediaeval Researches*, t. II, pp. 84-90), et sans doute la Pologne, si c'est bien celle-ci que désigne le mot *Appolonia*, ainsi que les steppes de la Russie du Sud, peuplées par les Turcs Qiptchaq ou Comans. Toutes ces régions furent soumises par Batu, petit-fils de Gengis-khan, entre 1237 et 1241.

1. Apoc., XVI, 13.
2. Tiré de Plancarpin (éd. Van den Wyngaert, p. 72).
3. Le *Carmen miserabile* fait seulement mention, comme nous le signale M. D. Sinor, de la résistance opposée aux Mongols par l'abbaye bénédictine fortifiée de Saint-Martin de Pannonhalma, dont les Mongols finirent par lever le siège.

resistit. Tanta vero post illam debachationem fames invaluisse dicitur in Hungaria ut homines vivi comederent mortuorum corpora. Canes eciam et catos edebant et quidquid tale invenire poterant.

XXXI, 150. — *De vastatione regni Turcorum.*

Denique anno Domini .MCCXLIII. Tartari Turcos contriverunt et usque ad Savaste[a] terram vastaverunt et eciam usque ad civitatem regiam Yconium et ultra cursores suos transmiserunt. Cum autem aggressuri essent Turcos in planicie juxta Achsar[b] [1], Baioth[c] premisit fratrem suum cum .XL.[d] milibus bellatorum videlicet de quolibet decanatu exercitus extractis tribus qui fecerunt .XL. milium numerum. Et siquidem exercitus iste victus fuisset, Baioth[e] cum altera secum multitudine illos insecutus fuisset. Nec mirum si succubuerunt[f] Turci quia soldanus ebrius fuerat in nocte precedenti et adhuc vino estuabat quando primi bellatores fuerunt devicti[g], sed nec in unum erat ejus exercitus et circa nonam fuit congressus. Ipse quoque soldanus cum uxore sua et puero per tres leucas a primis congredientibus erat remotus. Sciendum quoque quod Georgiani et Armeni[2], scilicet Avaque, Papa[h] et Sainsenus[i] [3] cui Turci antea Cary[j]

---

(150) a. Sevaste *AB*. — b. Hacsar *ABC* ; Arsar *D*. — c. Boiothnoi *D*. — d. .I. *E*. — e. Boiothnoi *D*. — f. succubuerint *DE*. — g. defuncti *ABE*. — h. Anaham Papa *D*. — i. Sanischam *D* ; Lavisenus *E*. — j. Cari *B* ; Carim *D*.

1. Il ne s'agit pas d'Aqsaraï (où Turcs et Mongols se battirent en 1256), mais d'Aqshehir, près d'Erzinjan, où était campée l'armée de Baïǰu tandis que le sultan venait de Siwâs : les deux armées se rencontrèrent le 26 juin 1243 près du Köse-dagh (cf. d'Ohsson, *Histoire des Mongols*, III, pp. 81 et 98). Des mercenaires latins prirent part à la bataille, d'après Joinville (éd. N. de Wailly, n° 143 : « pour la renommée qui estoit grans en Cypre de la bataille qui devoit estre passèrent de nos gens serjans en Hermenie pour gaaingnier et pour estre en la bataille, ne onques nulz d'aus n'en revint ») et Hayton, qui évalue leur nombre à 2 000 et donne pour leurs chefs un Chyprois, Jean de Limniati, et le Vénitien Boniface de *Molinis* (*Rec. Hist. des Croisades, Doc. Arméniens*, II, p. 292-293). Ce dernier était, au témoignage de Rubruck, l'un des deux concessionnaires de l'exploitation de l'alun en Turquie (Cahen, *L'alun avant Phocée*, p. 443) ; il avait donc survécu à la bataille.
2. Simon ne donne pas parmi ces Arméniens le nom du roi d'Arménie : contrairement à ce qu'avance Joinville *(ibid.)*, ce dernier n'était pas encore allié aux Mongols à cette époque. C'est seulement ensuite qu'il se fit leur allié « pour li delivrer dou servaige au soudanc del Coine ».
3. *Avaque* est sans doute Awag (cf. p. 35) qui prit effectivement part à cette bataille (Brosset, *Hist.*, I, p. 519) ; *Papa*, l'un des petits-fils du

combusserunt, victoriam prelii Tartaris contra illos[k] contulerunt. Cumque Turcis contritis soldanus ipse fugisset, ac tentoria pre timore reliquisset, Tartari tamen timentes aliquos in eisdem tentoriis latere non ausi sunt intrare illa, sed ab hora nona per totam noctem ac per unam diem integram[l] permanserunt ab ipsis intacta. Circuibant[m] enim et stabant ante nec usque ad noctem post predictam diem subsequentem ausi sunt ea invadere. Habebat autem soldanus .xl. bigas[n] oneratas loricis exceptis scalis argenteis et vasis ad bibendum mire magnitudinis, que omnia fugiens Tartaros amisit, reliquens ibi ; et omnia, ut creditur, ipsi habuerunt Turci. Habebat eciam circiter tria milia summariorum suppellectilibus suis oneratos, camelosque .xxx. bizanciis[o] aureis spissis et latis ad palme latitudinem onustos quorum unumquidque valebat .c. bizancios[1]. Habebat et .ccc. summarios soldanis[p] oneratos quorum quilibet portabat .xl. milia[q] soldanorum. Erant eciam ibi tres scale in quarum una erant .vi. gradus et[r] in alia quatuor, in tercia tres, erantque due prime argentee, ut dicitur[s], tercia vero aurea. Porro vas argenteum videlicet[t] concha quedam, in qua fundebatur vinum de quo bibebat cum suis soldanus, erat magnitudinis duorum modiorum[2]

k. contra illos Tartaris C. — l. integrum D ; integri E. — m. Circumibant D. — n. .xl. milia bigarum D. — o. bizanzeis B. — p. soldanus ABDE. — q. .xl. milia A. — r. et manque AB. — s. ut dicitur, argentee AB ; prime due, ut dicitur, argentee C. — t. scilicet C.

seigneur du Samtzkhé, Iwané-Qouarqouaré, qui portaient tous deux ce surnom (id., pp. 517, 533, 574). Quant à Sainsenus, c'est certainement le Sahensa que Rubruck donne comme seigneur d'Ani (Sinica Franciscana, I, pp. 324-325 ; Brosset, pp. 497, 517) : Shahinshâh, cousin d'Awag et l'un des maîtres de la Grande-Arménie, lui aussi présent au Köse-dagh (Kirakos, op. cit., pp. 426-430). C'est à lui qu'appartenait Kars (en géorgien Kari) qui fut saccagé par les troupes du sultan après l'avoir été par les Mongols de Čormaqan, comme le rapporte Kirakos, p. 239.

1. Bizancius (« besant ») a ici un double sens : celui de « pièce d'or » (les besants épais et larges d'une palme) et celui de « besant » proprement dit — sans doute de « besant sarrasinois » d'or, pièce ayant cours dans le royaume de Jérusalem et correspondant au dinar, plutôt que de « besant blanc », pièce d'argent frappée en Chypre et de moindre valeur. En effet, les pièces ayant cours en Turquie sont appelées par Simon soldani, les pièces byzantines étant désignées sous le nom d'hyperperi.

2. On peut se demander à quel « muid » fait ici allusion Simon de Saint-Quentin. Il est douteux qu'il s'agisse d'une mesure en usage dans les colonies latines de Terre Sainte (où la mesure courante pour le vin était la boutizelle, du moins à Acre) ou de Chypre (où le vin se mesurait

vel amplius. Vasa quoque aurea et argentea diversimode fabricata ibi erant in multitudine tanta quod implebatur ex eis domus una. Fertur autem quod thesaurus imperatoris Manuelis in Turquia perditus fuit ac[u] remansit ibi, ubi fuerunt mille currus argento et auro onerati. Preterea soldanus Babilonis apud Catheperte .x. milia hominum perdidit eum spoliis eorum maximumque thesaurum, et hec omnia remanserunt in Turquia[1]. Fuit eciam rusticus quidam in Turquia qui soldano .xvii. milia grossorum animalium ut camelorum et similium obtulit, ipsumque soldanum heredem suum fecit. Ceterum valorem Turquie nemo, ut dicitur, posset sufficienter estimare. Itaque dicebatur soldanus habere .xl. milia lanceas in exercitu suo quarum ferra sive cuspides erant ex auro.

XXXI, 151. — De Coterino qui postea se voluit erigere in soldanum.

Post Turquie vero destructionem sic a Tartaris factam, quidam Turquemannus ex magna Turquie parentela, quem vocabant Coterinum[2], de consilio quorundam admiraldorum elevare se voluit in soldanum et, ut haberet accessum ad id[a] ad quod instigatus et monitus fuerat, matrem suam affligens atque percutiens increpabat

u. nec *C.*

(151) *a.* illud *AB.*

à la *mètre*) : le muid n'y servait que pour mesurer les grains. Il n'est pas impossible toutefois que ce soit à cette dernière mesure qu'il soit fait ici allusion : la coupe du sultan tiendrait alors quelque 80 litres (cf. nos *Documents chypriotes des archives du Vatican*, pp. 19-20).

1. Simon attribue la richesse du trésor des sultans de Turquie au butin fait par eux sur Manuel Comnène, battu en 1176 à Myriokephalon, et sur les Aiyûbides, vaincus à Khartpert en 1234 par Kai-Qobâd Ier. « Babylone » est Le Caire.

2. Cf. Cl. Cahen, *Notes pour l'histoire des Turcomans d'Asie mineure au XIIIe siècle*, dans *Journal Asiatique*, t. CCXXXIX, 1951, pp. 340 et suiv. Le nom de *Coterinus* ne peut être rapproché d'aucun nom de personnage connu comme ayant été mêlé à l'histoire de la Turquie vers 1245, et M. Cahen veut bien nous dire qu'il pourrait être restitué en Qotb al-dîn, si l'on ne pouvait aussi penser à un nom turc commençant par Qutlugh. Il est probable, selon lui, que le rebelle pourrait être identique à un certain Ahmad qui s'était révolté dans la région voisine de la Cilicie en se disant fils de Kai-Qobâd ; mais cette révolte se place, d'après Ibn Bîbî, au lendemain de la mort de Kai-Koshrau II.

eo quod publice diceret confitendo cujus hominis filius esset et quis eum genuisset. Itaque tandem illa, sicut a filio fuerat edocta, coram omnibus qui ex industria congregati fuerant in locum unum ad testificandum quod audirent, dicebat[b] : « Fili, scito quia genuit te pater istius soldani. » Quo dicto Coterinus exclamabat omnibusque dicebat : « Auditis quid[c] mater mea dicit ! Vos omnes super hoc invoco ut michi testes sitis. » Hac itaque dolositate inventa, se in populo[d] exaltavit et dixit : « Soldanus frater meus iners ac muliebris est nec dignus terram tenere, quoniam a Tartaris victus est. Propter hoc itaque volo soldanus esse tanquam prepotens heres terre. » Sic igitur dominandi occasionem[e] invenit et .ccc. casalia ubi habitabant christiani circa Iconium[f] destruxit[1], illique de Iconio[g] jam ordinaverant Iconium[h] ei reddere infra tres dies nisi citius captus fuisset. Verum cum intraturus esset Candelour[i], illud videlicet nobile castrum ubi erat soldani thesaurus, ibique tanquam dominus esset recipiendus, per industriam et procuracionem domini de Lambro astute captus est atque suspensus et eciam frater ejus. Erant autem jam cum eo bene .xx. mille homines[j] ejusque debachatio duravit circiter per tres menses. Denique Turci postquam a Tartaris fuerunt vastati eisque subjecti, adeo illorum jugo depressi sunt ac debilitati ut, licet adhuc in numero sint multi, tamen quasi nulli sunt in vigore belli. Unde et a multis creditur quod si rex Francie Ludovicus mare transiens recto tramite venisset in Turquiam, libere et absque ulla[k] contradictione reddidissent ei terram. Nam et Egipti terra quam primo agressus est[l] valde est periculosa sicut dicitur[m] infra[2].

b. dicebant C. — c. que C. — d. popula C. — e. occasionem dominandi C. — f. Yconium ABC. — g. Yconio AC. — h. Yconium AC. — i. Caudelous D. — j. bene vigesimo mille homines D. — k. illa B. — l. est manque E. — m. dicetur C.

1. Les environs de Qoniya étaient donc alors encore peuplés en grande majorité de paysans chrétiens.

2. La remarque du *Speculum* sur l'intérêt qu'il y aurait eu à envahir la Turquie au lieu de l'Égypte peut avoir été trouvée par Vincent de Beauvais dans l'œuvre de Simon, écrite en 1248, au moment de la Croisade de saint Louis. Simon pourrait en effet avoir insisté sur la richesse de ce pays pour attirer sur lui l'intérêt des chefs de la croisade. Mais le *sicut dicitur infra* est-il de Simon ou plutôt de Vincent, renvoyant à ses chapitres relatifs à la Croisade de saint Louis ?

XXXII, 26. — *De exaltatione Raconadii in soldanum Turquie (frater Symon).*

Anno superius in missione fratrum ad Tartaros annotato, scilicet ab incarnacione Domini .MCCXLV., mense octobri, mortuus est in Satellia Gaiasadinus[a] Turquie soldanus[1] eique successit filius ejus adhuc puer nomine Raconadius[2]. Hunc genuerat ipse de filia cujusdam sacerdotis Greci, alterum vero nomine Azadinum de filia, ut dicitur, cujusdam burgensis Yconii seu pretorii, tercium vero Aladinum de filia regine Georgie genuerat, quam in uxorem habebat. Raconadius erat .xi.[b] annorum, Azadinus .ix., Aladinus vero .vii.[c], et iste quidem natu minimus regine filius quoad ipsos paterne hereditatis heres erat legitimus. Siquidem et pater ejus, tercia die post nativitatem ipsius, omnes admiraldos suos eidem puero tanquam legitimo filio et heredi suo juramentum homagii secundum ritum suum prestare jussit, aliamque monetam a sua ejusdem filii nomine tunc fieri jussit, que adhuc etiam in Turquia currit. Sed tunc erat quidam Losyr[3][d] nomine bajulus totius Turquie, Persa[e] natione, qui olim ad soldanum veniens fuerat notarius curie ; fratrem quoque pauperem habebat qui ligna vendebat. Deinde

(26) *a.* Gaiazadinus *AB.* — *b.* .xii. *C.* — *c.* Azadinus .vii., *le reste manque D ;* Aladinus .vii. *E.* — *d.* Losir *C.* — *e.* Perse *E.*

1. D'après la chronique du royaume d'Arménie du connétable Sempad (*Documents Arméniens*, I, p. 650), c'est à 'Alayâ que le sultan Ghiyâth al-Dîn serait mort, et non à Adalia. Mais plus loin (p. 89), Simon indique que le corps du sultan fut transporté à Adalia pour y être enseveli.
2. Simon semble avoir fait une confusion : ce n'est pas *Raconadius* (Rukn-al-Dîn Qilij-Arslan IV), mais son demi-frère *Azadinus* (Izz-al-Dîn Kai-Kawûs II), qui était fils d'une concubine grecque du sultan Kai-Koshrau et accéda au trône en 1245. Le premier, qui avait pour mère une Turque, n'obtint le titre sultanal du khan Güyük qu'en 1249. Quant à *Aladinus* ('Ala-al-Dîn Kai-Qobâd), il était bien le fils de la princesse géorgienne Tamar et l'héritier désigné par Kai-Koshrau. Cf. P. Pelliot, *Mélanges sur l'époque des Croisades*, Paris, 1951, pp. 52-55 (extrait des *Mémoires de l'Académie des Inscriptions et Belles-Lettres*, t. XLIV).
3. Il s'agit de Shams-al-Dîn Isfahâni, vizir persan de Kai-Koshrau et parâtre de Kai-Kawûs. *Losyr* est-il la transcription de « le vizir », comme l'admettait Pelliot, ou plutôt la traduction française (« le seigneur », *lo sire*) du titre de *Sahib* par lequel Ibn Bîbî et Aflâkî désignent habituellement ce personnage ? Sur les démêlés de ce dernier avec *Salefadinus* (Sharaf-al-Dîn Mahmud, gouverneur d'Erzinjan), cf. Ibn Bîbî, trad. H. W. Duda, pp. 248-250.

paulatim in tantum ascendit quod Turquie cancellarius fuit. Hic itaque unus erat de terre antiquioribus et in multis sagax inventus et expertus, qui etiam ad Tartaros pro terra salvanda perrexerat, eique soldanus in morte gladium suum commiserat ita quod ex parte illius totam terram in manu habebat. Hanelavit autem omnibus modis in uxorem accipere unam de domini sui mortui uxoribus, quod magnum apud Turcos erat opprobrium domino et suis omnibus. Et hoc quidem propositum suum Salefadino qui tunc in Turquia post ipsum erat potentior tanquam amico et familiari sus revelavit, quod omnibus modis Salefadino displicuit, et ei quantum potuit dissuasit. Ille tamen prevalens tandem soldani uxorem, Raconadii matrem, accepit ipsumque Raconadium tanquam natu majorem in soldanum exaltavit. Quorum utrumque Salefadino ceterisque pluribus admiraldis valde displicuit, tum quia ipse Losyr soldanum illum constituendo cum omnibus admiraldis in hoc sibi assentientibus perjurium incurrebat, tum quia ipse homo plebeius et alienigena uxorem domini sui accipiendo magnum ei suisque omnibus admiraldis dedecus faciebat.

XXXII, 27. — *De Losyr tyranni debachatione.*

Ex his ergo Salefadinus et plures admiraldi Turquie contra Losyr plurimum indignati sunt ita quod in mortem ejus sexingenti[a] cum ipso conjuraverunt. At quidam eorum, qui simul juraverant, ad ipsum Losyr accesserunt eique mortem suam juratam manifestaverunt, super[b] juracione facta veniam ab ipso postulantes eique de cetero se penitus adhesuros firmiter promittentes. Quosdam etiam illorum sexingentorum[c] quos ipsi plus odiebant nominaverunt ipsique Losyr[d] occidere eos suaserunt[e]. Unus autem ex illis astutior consuluit Losyr ut aliqua die inclusum se in camera sua infirmum fingeret, et causa sue visitacionis eos[f] accersiret ibique insidiis positis locus aptaretur in quo occidendi omnes includerentur. Quod ubi factum est una die .xv. vel secundum alios .xxiiii. admiraldi majores in Turquia latenter sunt occisi. Dicunt et Latini sive Chris-

(27) *a.* sexingentorum *E.* — *b.* et super *D.* — *c.* sexingenta *E.* — *d.* Losir *A.* — *e.* occidere statuerunt eos *D.* — *f.* eos *manque E.*

tiani quod idem Losyr admiraldos usque ad .LX. occidit, quosdam etiam alios prosequendo fugavit et quosdam in carcere reclusit. Marchisium de Lambro[1] incarceravit et admiralem[g] ad Tartaros ut exulem profugavit, illum quoque qui dederat ei consilium de admiraldis occidendis cum uxore ac filiis omnibus interfecit. Magis autem ac magis contra Salefadinum, utpote tunc in Turquia potentiorem et cui magis quam aliis facta ipsius displicebant, indignabatur, qui scilicet Salefadinus[h] apud Arsengan[i], tanquam cui terra illa erat commissa, morabatur. Cum ergo die quadam Salefadinus .CC. secum bellatores haberet eique .XI. milia[j] hominum exercitus Losyr superveniret, illi qui erant ex parte Losyr mandaverunt Salefadino ne fugeret, sed adventum illorum constanter expectaret, quia in hora qua inciperent congredi cum ipso essent qui modo videbantur esse contrarii. Qui verbis eorum nimis credulus bellum aggressus est statimque a multitudine tanta contritus est. Ipse tamen cum paucis receptus est in quodam castro[k] fortissimo, Gamach[l] [2] vocabulo. Tandem vero circumdatus et obsessus ab exercitu Losyr, a castri habitatoribus exire quasi coactus est, dicentibus se nolle tueri hominem in castro soldani, qui contra soldanum esset. Interim quoque nuncios mittebat Losyr ad ipsum ut de castro securus exiens ad se veniret, eligens sibimet quod melius vellet, videlicet aut exire de terra libere et quocumque vellet proficisci, aut decetero cum benivolentia ipsius Losyr in terra Turquie ut prius commorari. Cumque nuncii verba portantes, annuente Salefadino, ab ipso Losyr[m] juramenta recepissent omnia que mandaverat se firmiter servaturum,

---

g. admirabilem *B*. — h. Salephadinus *A*. — i. Arsengam *D*. — j. 10 millium *D*. — k. in castro quodam *AB*. — l. Gamac *C*. — m. Losy *B*.

1. On notera le titre de « marquis » donné ici au seigneur de Lampron. Le terme n'étant guère en usage en France, ni dans l'Orient latin (on l'emploie surtout à propos de Conrad de Montferrat, désigné par ce titre seul dans de nombreux passages), faut-il admettre que Simon l'avait recueilli auprès de ses informateurs, mercenaires « francs » souvent d'origine italienne qui auraient pu rendre ainsi le titre arménien de *Thakadir* ? Sur la généalogie des Héthoumides de Lampron, cf. l'étude du comte W. H. Rüdt-Collenberg, *The Rupenides, Hethumides and Lusignans. The structure of the Armeno-Cilician dynasties*, Lisbonne, 1963 *(Calouste Gulbenkiam foundation armenian library)*.

2. Kamakh, place quasi imprenable dominant un défilé sur le Qara-Sou, à une journée en aval d'Erzinjan (*Encycl. Islam*, t. III, p. 897).

ille fidei eorum se committens ibat ad ipsum ; Losyr autem premisit nuncios in occursum ejus, dicens nunciis eum adducentibus : « Nolite ulterius ipsum ad me adducere, sed visis presentibus nunciis[n] eum interficite. » Quod et factum est. Hic autem Salefadinus gallicum atque theutonicum sciebat multumque Francos sive Christianos diligebat. Et si aliquandiu longius vixisset, fortassis, ut creditur, cito christianus factus[o] fuisset[1].

XXXII, 28. — *De federis inter Turcos et Tartaros confirmatione.*

Eodem autem anno quo mortuus est soldanus Turquie Gaiasadinus eique successit filius ejus primogenitus Raconadius[a], scilicet ab incarnacione Domini .MCCXLV., Tartari cum Turcis fedus inierunt, et tunc .XIIII. camelos yperperis oneratos ac .CCC. summarios sericis et scarleta aliisque pannis preciosis onustos cum pluribus equitaturis eorum regi transmiserunt. Frater autem soldani medius natu videlicet Azadinus ad eundem regem causa confederacionis est missus. Denique Turci sub hac forma se tributarios subdiderunt Tartaris : quolibet anno reddunt eis .M. .CC. milia[b] yperpera[c] et quingentos pannos sericos quorum medietas est deaurata, equos quoque quingentos et camelos totidem et arietes .V. milia. Hec autem omnia tenentur ducere et conducere salva et integra cum[d] expensis suis usque ad Mongan[2]. Tantundem quoque valent exenia et dona que ultra tributum mittuntur quantum ipsum tributum et amplius eciam, ut dicitur. Preterea tenentur Turci per totam Turquiam providere nunciis Tartarorum omnino in equitaturis, in mulieribus[e], in victualibus, eundo, morendo ac redeundo. Itaque notarius soldani[f] computavit expensas[g] nunciorum Tartaricorum

---

n. nuncii *D.* — o. factus *manque ABC.*

(28) a. Raconadinus *BC.* — b. M. milia .CC. milia *E.* — c. yperperarum *B ;* hiperpera *D.* — d. cum *manque C.* — e. muneribus *ADE.* — f. soldani notarius *C.* — g. expensis *B.*

1. Ce portrait d'un émir turc, sachant parler le français et l'allemand et portant assez d'amitié envers ses mercenaires francs pour être considéré par eux comme sympathique à la doctrine chrétienne, mérite d'être signalé.
2. Les steppes du Moghân (plaine de la Koura inférieure, sur la mer Caspienne) étaient le séjour habituel des généraux mongols de Perse, comme plus tard des Il-khans (ci-dessus, p. 59).

quas apud Yconium in duobus annis fecerant ; et inventum est
quod, excepto pane et vino, sexingenta milia yperpera expenderant.
Predicta vero tributaria confederatio facta fuit apud Savastiam,
marchisio[h] de Lambro nomine Constantino presente, qui tunc temporis marescallus erat Turquie et etiam bajulus fuerat ejusdem
terre. Et quando quidem hoc tributum primo commissum fuerit
Tartaris, interfuit ibidem ejusdem Constantini miles, vocabulo Provincialis, qui multa de illis enarravit fratribus predicatoribus a
domino papa cum litteris suis ad Tartaros transmissis[1].

XXXII, 29. — *Qualiter rex minoris Armenie Tartaris se subdidit.*

Circa idem tempus Constans, pater et bajulus regis Armenie
qui vocatur Aitons[2], filium suum ejusdem regni conestabulum[a] ad
Tartaros misit, eorumque tributo se ac regnum suum subiciens
pacem cum eis composuit[3]. Que videlicet minor Armenia nomine
alio ab antiquo vocatur Cilicia et inter Turquiam et Syriam est sita.
Ibi est Tarsus[b] civitas archiepiscopalis, de qua Paulus apostolus
fuisse se dicit[4]. Ibi quoque est catholicon, id est universalis episcopus,

---

h. machisio B.

(29) a. conestabularium A. — b. Tharsus AB ; Tarsis D.

1. C'est ici que Simon nomme l'un de ses principaux informateurs.
2. Simon de Saint-Quentin appelle Constant, et non Constantin, le
régent du royaume de Cilicie, le « grand baron » Constantin, lequel avait
pour fils le roi Héthoum Ier et le connétable Sempad. Rappelons que
Constantin avait été l'instigateur de la rébellion qui enleva la couronne
à Philippe d'Antioche, mari de la reine Zabel, fille de Léon Ier d'Arménie,
laquelle fut remariée par ses soins à Héthoum Ier après l'assassinat de
son mari, en 1226 (cf. W. H. Rüdt-Collenberg, *The Rupenides, Hethumides
and Lusignans, passim* ; R. Grousset, *Hist. des Croisades*, t. III, pp. 132-
133 et 266-270).
3. Est-ce déjà le connétable Sempad qui fut envoyé en ambassade
auprès des Mongols lorsqu'au lendemain de la bataille du Köse-dagh le
roi Héthoum abandonna le parti du sultan seljoukide ? Sempad a lui-
même noté les dates du voyage qu'il fit à la cour mongole en 1247-1249
(*Documents Arméniens*, I, p. 651) sans faire allusion à la démarche précé-
dente. Vincent de Beauvais (qui utilise la lettre écrite en 1248 par Sempad
au roi de Chypre, incorporée au *Speculum* dans le chapitre 92 du livre
XXXII), a-t-il confondu les deux ambassades arméniennes ? Ou bien
Sempad n'a-t-il pas cru devoir mentionner dans sa chronique sa première
démarche, qui ne l'avait pas amené aussi loin que la seconde ?
4. Tarse était depuis la fin du xie siècle le siège d'un archevêché latin.

sicut et in Georgia de qua dictum est superius. Hujus Armenie regnum acquisierant paucis antea temporibus duo fratres de majori Armenia, Leo scilicet ac Robinus ; et Robinus quidem major natu prior in ea regnavit vel potius prefuit, moriturus vero regnum et filiam suam ejusdem videlicet regni heredem fratri suo Leoni commisit ejusque fidei credidit[1]. At ipse[c] Leo regnum in semetipsum retorsit, quin potius de baronia regnum sibi facere voluit. Nam antea, ut dicitur, rex ibi[d] non erat, sed baro qui soldano Turquie sub tributo serviebat[2]. Itaque ad peticionem ipsius Leonis, avus domini de Trousot[e] perrexit ad curiam Romanam et ad imperatorem Othonem, petens ab ambobus ut ipsum in legium hominem[f] reciperent[3]. Ecclesia vero sub condicione, salvo scilicet heredis jure, recepit ipsum in hominem et Otho similiter. Porro archiepiscopus quidam Theutonicus[g], videlicet Moguntinus[4], attulit eidem Leoni coronam sub tali condicione ut omnes pueros infra .XII. annos existentes ipse Leo poni faceret ad litteras latinas[5]. Tunc ergo rex

---

c. Leoni commisit à ipse manque B. — d. ibidem A. — e. Trousat B. — f. in hominem legium AB. — g. Theutonicus manque A.

1. Roupèn III (1175-1187) avait abdiqué pour se faire moine ; sa femme Isabelle du Toron lui avait donné deux filles, dont l'aînée, Alix, épousa en 1195 le fils aîné de Bohémond III d'Antioche, Raymond. La « seigneurie de la Montagne » était passée en 1187 au frère de Roupèn, Léon, lequel considérait effectivement son petit-neveu Raymond-Roupèn, fils d'Alix et de Raymond, comme héritier de l'Arménie cilicienne, en dépit de la naissance de sa première fille, Isabelle (mariée en 1214 au roi de Jérusalem, Jean de Brienne).
2. Cette indication est très sujette à caution : les « seigneurs de la Montagne » paraissent avoir été dans la dépendance des empereurs byzantins plus que des sultans de Turquie ; et, malgré l'occupation qu'ils firent de la Cilicie byzantine au temps d'Andronic Comnène, l'empereur byzantin Alexis l'Ange envoya une couronne à Léon lorsque celui-ci se proclama roi.
3. Ce n'est pas Otton de Brunswick, mais Henri VI qui fit l'objet de cette démarche. Nous n'avons pu déterminer qui se cachait sous l'appellation de « grand-père du seigneur de Trousot ». Cette dernière localité est vraisemblablement Tarse, que l'on nommait en français d'Orient Tursolt ou Torsot (Recueil des Historiens des Croisades, Hist. Occ., II, 347, 402 ; III, 246 ; IV, 342, 344, 393, 591, etc.). Mais y avait-il un seigneur de Tarse distinct du roi d'Arménie, vers 1247 ?
4. Conrad de Wittelsbach, archevêque de Mayence.
5. Cette obligation devait être rappelée au roi d'Arménie par l'ambassade que le pape lui envoya le 8 juin 1318 — il s'agissait seulement, semble-

Leo dedit Ecclesie in dotem casale Estelice[h], castrum Paperon et alia multa casalia pluraque alia[1]. Hec autem omnia juraverunt barones se firmiter servaturos. Factum est autem hoc anno Domini circiter[i] M⁰ CC⁰ XLII⁰[2]. Porro idem Leo ter infirmus ter fecit omnes barones suos Robino nepoti suo jurare tanquam vero ac legittimo domino suo et justo heredi regni Armenie[3]. Filiam tamen suam cui regnum relinquere disposuerat fratri Antiocheni principis in conjugium dedit et postea ipsum dolose interfecit[4]. Ipso autem

h. Ethelice A. — i. circiter manque ABDE.

t-il, de la création d'écoles latines dans son royaume : cf. Ripoll, *Bullarium ordinis fratrum praedicatorum*, t. II, p. 152 ; *Documents Arméniens*, t. II, pp. 487-488 ; Ch. Kohler, *Documents relatifs à Guillaume Adam*, dans *Mélanges pour servir à l'histoire de l'Orient latin*, t. II, Paris, 1906, in-8⁰, pp. 475-515.

1. Simon de Saint-Quentin est également le seul à faire état de la constitution d'une dotation territoriale en faveur de l'église de Rome. La précision des données de ce texte la rend incontestable. D'ailleurs, en 1323, lorsque le roi Léon IV voulut donner en fief le château de *Baberon* (Bab'aron, dans le Taurus, non loin de Nemrun) à Jeanne d'Anjou, veuve du roi Oshin, et à son second mari Oshin, comte de Gorighos, il s'adressa au pape Jean XXII pour obtenir la confirmation de cette donation — ce qui amena le pape à charger divers prélats d'une enquête pour s'informer des droits que la papauté avait sur ce château (Ch. Kohler, *Lettres pontificales concernant l'histoire de la Petite-Arménie au XIVᵉ siècle*, dans *Florilegium Melchior de Vogüé*, Paris, 1909, pp. 318-319 ; voir aussi pp. 306-307). Bab'aron avait ses seigneurs particuliers, de la famille héthoumienne, les ancêtres du roi Héthoum Iᵉʳ (cf. J. Gottwald, *Die Kirche und das Schloss Paperon*, dans *Byz. Zeitschrift*, t. XXXVI, 1936, pp. 86-100). Léon n'avait donc pu en reconnaître à l'Église que la suzeraineté et non le domaine utile ; en était-il de même pour les « casaux » cités ? Sur les modalités de l'union de 1198, cf. Fr. Tournebize, *Histoire politique et religieuse de l'Arménie*, t. I, Paris, 1900, pp. 268-284.

2. Sans doute est-ce là une erreur de Vincent de Beauvais, qui aurait repris la date approximative de la soumission de l'Arménie aux Tartares (c'est-à-dire de l'ambassade citée en début de chapitre) en la prenant pour celle du couronnement de Léon Iᵉʳ qui eut lieu le 6 janvier 1198.

3. Léon avait en effet reconnu Raymond-Roupèn comme son héritier ; il l'avait même, de son vivant, fait couronner roi d'Arménie ; et il appuyait les revendications du jeune prince sur la principauté d'Antioche (cf. Cl. Cahen, *La Syrie du Nord à l'époque des Croisades et la principauté d'Antioche*, Paris, 1940, pp. 586, 591, 595, 618, 621). Mais, une fois installé à Antioche, Raymond se brouilla avec son oncle qui, en mourant, laissa son trône à sa seconde fille Zabel, alors enfant (1219). Raymond essaya de conquérir le royaume par les armes, mais fut vaincu, pris et mourut en prison. (*ibid.*, pp. 628-632).

4. C'est à tort que ces événements sont imputés à Léon ; il était mort

Leone mortuo, quidam baro ejusdem Armenie, Constans nomine, filiam ejus violenter rapuit et postmodum eandem invitam filio suo Haytoni[j] matrimonio copulavit eique cum illa regnum tradidit. Porro filiam Robini qui regnum hereditario jure possidere debuit Philippus miles de Monteforti uxorem accepit, unde et merito ad illud aspirat ipsumque ut justum est acquisiturum se sperat[1]. Idem eciam Constans diversis dolis et machinamentis .LXII. barones Armenie majores[k] interfecit. Soldani quoque Turquie matrem atque sororem[l] quas idem soldanus ipsi tanquam suo homini legio ac fideli utpote christiano causa refugii miserat a facie Tartarorum, ipse revera infidelis et iniquus misit eisdem Tartaris in favorem ipsorum. Et ille quidem in ipso itinere dicuntur obisse. Itaque soldanus ipse terram ejus intravit et urbem Tarsum[m] obsedit, sed ibidem infirmatus mortuus est et in urbe regali Satellia sepultus est[2].

---

j. Hartoni *D. — k.* majores *manque A. — l.* sorores *D. — m.* Tharsum *AB.*

---

depuis trois ans lorsque les barons d'Arménie, menacés par les Turcs, demandèrent à Bohémond IV d'Antioche son fils Philippe pour le marier à Zabel (1222) ; et c'est le « grand baron » Constantin de Bab'aron qui s'empara de Philippe et le laissa périr en prison tandis que son propre fils Héthoum épousait Zabel (Cl. Cahen, *op. cit.*, pp. 632-635).

1. Ces remarques sur les droits de Philippe de Montfort — un neveu du conquérant du Languedoc — à la couronne d'Arménie, comme gendre de Raymond-Roupèn, émanent évidemment des milieux francs de Terre Sainte. Sa femme Alix lui avait apporté aussi la seigneurie du Toron, près de Tyr, et des droits sur la « terre d'Outre-Jourdain ». Sur ce personnage, cf. notre *Royaume latin de Jérusalem*, Paris, 1953, pp. 255-256, 259, 322.

2. L'invasion de la Cilicie par les Turcs qui assiégèrent Tarse à deux reprises sans pouvoir s'en emparer définitivement a été racontée par un des défenseurs de la ville (défense à laquelle coopéra un détachement d'archers francs), le connétable Sempad, dans sa *Chronique :* Kai-Koshrau II mourut presque subitement, ce qui termina la campagne. On peut noter l'hostilité évidente que témoigne Simon à Constantin, le « grand baron » : l'un de ses informateurs était au service de Constantin, le « marquis de Lampron », qui tenait ouvertement le parti turc et qui fut exécuté pour cette raison (cf. W. H. Rüdt-Collenberg, *The Rupenides...*, p. 61).

XXXII, 32. — *De solennitate qua fuit intronizatus (frater Symon).*

Igitur anno Domini .MCCXLVI. Cuyuc[a], qui et Gog chaam[b][1] id est imperator vel rex dicitur[c], sublimatus est in Tartarorum regno. Omnes siquidem illorum barones congregati quandam sedem auream in loci supradicti medio[2] posuerunt super[d] quam ipsum

(32) *a.* Cuiue *D ;* Cuyne *E.* — *b.* Caham *C.* — *c.* dicitur *manque BCD.* — *d.* supra C.

1. Cette double forme mérite examen. Au chapitre 34, Simon nous dit *idem sonat Cuyuc quod et Gog secundum aliam linguam;* on voit mal à quelle autre langue il peut faire allusion : le nom de Güyük semble turc autant que mongol (Pelliot, *Notes sur l'hist. de la Horde d'Or,* p. 57, note). Toutefois il a été noté *Kuk* par les Géorgiens et *Keuchan* par Rubruck (Pelliot, *Notes on Marco Polo,* t. I, p. 570) ; ceci paraît témoigner en faveur d'une prononciation différente qui a éveillé chez Simon des souvenirs bibliques souvent évoqués à propos de l'invasion mongole : la légende de Gog et de Magog. Mais une autre possibilité ne saurait être négligée : celle d'un nom pris par Güyük lorsqu'il devint qaghan. On sait que les Mongols changèrent souvent de nom lors de leur accession au trône (sur le cas des Il-khans de Perse, cf. Spuler, *Die Mongolen in Iran,* pp. 195-196, 517). Pelliot donne de fortes raisons de penser que le khan de la Horde d'Or Möngkä-Temür avait pris le nom de Külük lors de son avènement (*Notes,* pp. 58-60), en émettant des doutes sur la doctrine traditionnelle selon laquelle les noms des empereurs mongols autres que leur nom véritable seraient nécessairement des noms posthumes : ainsi le qaghan élevé au trône en 1311 fut-il salué du nom de Buyantu-qaghan, tout comme Tämüjin lui-même avait été salué du nom de Činggis-qan (Gengis-khan). Ainsi ne serait-il pas impossible que Güyük eût reçu à son avènement le nom de « Gog »-qaghan. Ce qui n'exclut pas l'attribution de noms posthumes : nous avons relevé dans un rapport présenté au concile de Lyon par les envoyés d'Abagha (dont le principal était le dominicain David d'Ashby, l'auteur des *Faits des Tartares*) une indication selon laquelle Hülägü avait reçu un nom de ce genre (*nunc dictus est Seynegenen* : J. Richard, *Le début des relations entre la Papauté et les Mongols de Perse,* dans *Journal Asiatique,* t. CCXXXVII, 1949, p. 297, d'après G. Borghezio, *Un episodio delle relazioni tra la Santa Sede e i Mongoli (1274),* dans *Roma,* t. XIV, 1936, pp. 361-372). C'est le seul exemple qu'on puisse relever chez les Mongols de Perse ; l'usage est courant, au contraire, chez ceux de Chine : c'est ainsi qu'en 1265, d'après le *Yuan che* cité par Pelliot (*Les Mongols et la Papauté,* t. XXVIII, p. 192, n. 3) les impératrices Oghul-qaïmiš et Törägänä, mortes respectivement en 1252 et entre 1246 et 1248, reçurent des titres posthumes. Il ne pourrait s'agir ici que d'un nom d'intronisation.
2. Vincent de Beauvais renvoie ici aux chapitres précédents concernant l'élection de Güyük, lesquels sont tirés de Plancarpin. Mais on peut se demander dans quel contexte s'inséraient, sous la plume de Simon, les données relatives à l'élévation au trône du grand-khan (dont Plancarpin

Gog sedere fecerunt, et coram eo gladium posuerunt dicentes :
« Volumus et rogamus atque precipimus ut domineris omnibus
nobis. » At ille dixit eis : « Si me vultis super vos regnare, numquid
parati estis unusquisque quod vobis precepero facere, quemcumque
vocavero venire, quocumque mittere voluero pergere, quemcumque
occidi precepero occidere ? » Responderunt : « Utique. » — « Ergo,
inquit, oris mei sermo decetero gladius meus erit. » Omnesque
communiter ei consenserunt. Post hoc autem filtrum quoddam in
terra statuerunt ipsumque rursus desuper sedere fecerunt, dicentes :
« Vide sursum et agnosce Deum et^e respice filtrum in quo sedes
deorsum. Si bene regnum tuum rexeris, si largus fueris justiciamque
servare dilexeris ac principes tuos unumquemque secundum dignitatem suam honoraveris, magnificus regnabis totusque mundus tue
substernetur dominacioni et quidquid desiderabit cor tuum dabit
Deus tibi ; si autem e contrario feceris, miser et abjectus eris
adeoque pauper ut nec tibi permittatur filtrum in quo nunc sedes. »
Hoc dicto idem barones uxorem Gog[1] cum ipso super filtrum sedere
fecerunt sicque ambos sedentes a terra sursum in aera levaverunt,
atque imperatorem et imperatricem omnium Tartarorum voce
publica et clamosa^f eosdem protestati sunt. Postea multitudinem
infinitam auri et argenti et lapides preciosos ac quecumque reman-
serant a Chagadagan^g [2] coram imperatore novo apportari fecerunt

e. ac D. — f. clamorosa D. — g. Chagadadam D.

avait été, lui, témoin oculaire). Simon était au reste fort bien informé :
sa description des rites de l'élévation au trône concorde exactement avec
celle que nous a laissée Haython, lequel avait assisté deux fois à l'élection
de khans mongols (sans doute des Il-khans de Perse : cf. B. Spuler, *Die
Mongolen in Iran*, pp. 262-265) ; ce dernier s'était interrogé sur la signi-
fication de la pièce de feutre noir sur laquelle on plaçait le khan pour
l'élever au-dessus du sol et rapporte qu'il s'agissait là d'une tradition
remontant à l'élection de Gengis-khan : *La flor des estoires de la terre
d'Orient*, II, 2 (*Recueil des Historiens des Croisades, Documents Arméniens*,
t. II, pp. 148-149). Les paroles que rapporte Simon font, dans une certaine
mesure, écho à celle des princes qui élevèrent Tämüǰin à la dignité suprême
(cf. l'*Histoire secrète des Mongols*, § 123, trad. Pelliot, p. 156, dans *Œuvres
posthumes de Paul Pelliot*, t. I).
    1. C'est la célèbre Oghul-qaïmiš (Pelliot, *Les Mongols et la Papauté*,
t. XXVIII, p. 61), qui gouverna l'empire mongol après la mort de Güyük.
    2. *Chagadagan* doit être la transcription du nom d'Ögödaï-khan, le
prédécesseur de Güyük (1229-1241).

eique dominium super omnia illa plenarium concesserunt. Ipse vero prout ei placuit unicuique principum distribuit sibique residuum servari precepit. ⟨Deinde vero bibere ceperunt et ut moris eorum est usque ad vesperas continue potacionibus intenderunt. Post hec autem carnes cocte in curribus sine sale venerunt et inter quatuor vel quinque homines unicum membrum sive frustum ministri dederunt. Infra tentorium chaam dederunt carnes ac brodium cum sale pro salsa, sicque faciebant cunctis diebus quando celebrant convivia.⟩[1]

XXXII, 34. — *De nominibus ejus ac principibus et exercitus (frater Symon).*

Et hoc quidem nomen chan[a] sive chaam est appellativum idemque sonat quod rex vel imperator, sive magnificus vel magnificatus, sed hoc Tartari singulariter attribuunt domino suo, nomen ejus proprium reticendo. Ipse quoque gloriatur se esse filium Dei, seque sic ab hominibus appellari. Idem autem sonat Cuyuc[b] quod et Gog secundum aliam linguam. Est itaque nomen imperatoris proprium Gog[c] et fratris ejus Magog. Siquidem per Ezechielem Dominus Gog et Magog adventum predicit eorumque interitum se facturum per eundem promittit[2]. Ipsi quoque Tartari proprie loquendo se vocant Mongli[d] sive Mongol[e], quod verbum fortasse consonat Mosoth[f] [3]. Hic itaque scilicet Cuyuc[g] chan[h], sive Gog chaam[i] [4], fervens et estuans in hominum prostracionem, quasi cli-

---

(34) *a.* can *BC.* — *b.* Cuyve *D ;* Cuyne *E.* — *c.* secundum aliam *à* Gog *manque D.* — *d.* Mogli *A ;* Mongali *D.* — *e.* Mogol *ABC.* — *f.* Mosoch *ABC.* — *g.* Cuyne *E.* — *h.* can *C.* — *i.* Gog chaam *A ;* Cog, Chaam *D.*

1. Tiré de Plancarpin (éd. Van den Wyngaert, p. 119).
2. Ézéchiel, XXXVIII-XXXIX.
3. Mosoth est, avec Magog, un des fils de Japhet selon la Genèse (X, 2).
4. *Chaam* correspond au titre de *qaghan.* Contrairement à ce qu'affirme l'*Histoire secrète*, ce titre n'aurait pas été relevé par Gengis-khan qui ne se titrait que *qan* (ici *chan*). Ögödäi l'aurait adopté pour nom d'intronisation (J. A. Boyle, *Titles given in Juvaini to certain Mongolian princes*, dans *Harvard Jr. of As. St.*, t. XIX, 1956, p. 152) ; selon Pelliot, il ne devint le titre propre au grand-khan que depuis Qubilai (1260) : *Notes on M. Polo,* I, p. 302. Simon témoigne de l'emploi des deux titres, dès 1247, et les

banus succensus a coquente, secum habet exercitus quinque suo domino[j] servientes, per quos expugnat omnes sibi contrarios ac rebelles. In finibus autem Persidis[k] habet principem nomine Baiothnoy[l] qui totam terram Christianorum et Saracenorum usque ad mare Mediterraneum et prope Antiochiam[m] et ultra per duas dietas ejus dominio subjugavit ita quod a capite Persidis[n] usque ad mare jam[o] ei regna .xiiii. acquisivit. Est autem Baioth[p] proprium nomen, noy vero sonat dignitatem[1]. ⟨Est etiam dux quidam Tartarorum nomine Correnzam versus Christianos Occidentis qui habet sub se armatorum sexingenta milia, stans ibi tanquam in custodia ne super ipsos ac super subsequentes irruant subito Christiani. Porro Bathoth[q] princeps est Tartarorum maximus, hominibus quidem suis satis benignus, licet ab eis sit valde reveritus, in pugna vero est crudelissimus⟩[2]. In exercitu quidem Bathoth[r] sunt .dc. milia pugnatorum videlicet .clx. milia Tartarorum et .ccccxl.[s] milia tam christianorum quam aliorum, scilicet infidelium. Et dicitur habere plures bellatores in septuplo numero quam Baiothnoy[t]

---

j. domino suo *C.* — *k.* Perfidis *E.* — *l.* Baiotnoy *AB ;* Bayothnoy *D.* — *m.* Anthiochiam *A.* — *n.* Perfidis *E.* — *o.* tam *B.* — *p.* Baiot *AB.* — *q.* Baioth *ACD ;* Batoth *B.* — *r.* Baioth *ACD ;* Bathot *B.* — *s.* .cccclx. *A ;* .ccccl. *DE.* — *t.* Baiotnoy *A ;* Bayotnoy *BD.*

donne pour équivalents (XXXII, 32 : *chaam id est imperator vel rex*). Ceci empêche d'atteindre à une certitude quant à l'adoption par Güyük de « Gog »-qaghan comme nom d'intronisation (*supra*, p. 90, note).

1. Sur le titre de *noyan*, cf. B. Vladimirtsov, *Le régime social des Mongols*, trad. M. Carsow, p. 134 ; F. W. Cleaves, *The Mongolian names in the History of the Nation of the Archers*, pp. 411-413. Cf. ci-dessus, p. 65.

2. Ces deux phrases sont tirées de la relation de voyage de Plancarpin, où on lit « Dux autem iste [Correnza] est dominus omnium qui in custodia positi sunt contra omnes homines Occidentis ne forte subito et improvise irruant super eos ; iste dux habet sub se, ut audivimus, sexaginta milia hominum armatorum » (sur la correction du *sexingenta* de notre texte en *sexaginta*, cf. d'Avezac, *op. cit.*, p. 740, n. 8). Plus loin, « Iste autem Bati est potentior... pre cunctis principibus Tartarorum », et « hominibus suis est satis benignus, timetur tamen valde ab eis, sed crudelissimus est in pugna ». Mais Simon parlait lui aussi de Batu, dont le nom est écrit ici *Bathoth* et non, d'après la forme russe retenue par Plancarpin, *Baty* (cf. P. Pelliot, *Notes sur l'histoire de la Horde d'Or*, p. 28). Les indications données ensuite sur ce personnage ne doivent en effet rien à Plancarpin. Par contre ce qui concerne *Corenza* (Qurumši, neveu de Batu : cf. Pelliot, *ibid.*, p. 9) vient évidemment de cet auteur, Simon n'ayant eu aucune raison d'entendre mentionner ce chef mongol.

in exercitu suo. Porro chaam[u] dicitur habere exercitus quinque quorum omnium nemo de facili potest numerum comprehendere[1]. Fertur autem Batoth[v] .xviii. barones fratres non ex eodem patre nec ex eadem matre, sed ex diversis habuisse, quorum unusquisque .x. milia bellatorum ad minus habebat sub se. Sed de omnibus illis non intraverunt nisi duo fratres regnum Hungarie[2]. 〈Debebant autem annis .xxx. procedere in pugnando, sed tunc, ut dictum est, interfectus fuit imperator eorum veneno ideoque quieverunt tempore pauco. Ut autem imperatorem habuerunt, iterum se ad pugnandum preparaverunt〉[3].

XXXII, 40. — *Qualiter fratres predicatores apud Bayotnoi[a] Tartarorum principem admissi fuerunt (ex libello fratris Symonis).*

Anno Domini .MCCXLVII., in die translacionis beati Dominici primi patris ordinis predicatorum, frater Ascelinus[b] [4] a domino

---

u. chaan *A.* — *v.* Baioth *ACDE.*

(40) *a.* Baiothnoy *AC ;* Bayotnoy *B ;* Bayothnoy *D.* — *b.* Anselmus *D.*

1. Les effectifs de l'armée mongole ont été discutés par F. Lot, *L'art militaire et les armées au Moyen Age,* Paris, 1946, in-8º, t. II, pp. 345-352. D'après Strakosch-Grassmann, *Der Einfall der Mongolen in Mitteleuropa in den Jahren 1241 und 1242,* Innsbruck, 1893, in-8º, il relève les chiffres donnés par les chroniqueurs (500.000 d'après le *Carmen miserabile*) pour l'armée de Batu, en les considérant comme fort exagérés. Simon de Saint-Quentin nous invite à faire place aux contingents des peuples soumis, qui représentent selon lui 340.000 auxiliaires, à côté de 160.000 « Tartares ». Les véritables Mongols étaient très peu nombreux au sein de ces Tartares : Batu n'en aurait reçu que 4.000 lorsqu'on répartit le peuple mongol entre les héritiers de Gengis-khan. Nous ne sommes pas en état de dire à quoi correspondaient réellement ces chiffres, que Simon recueillit selon toute apparence lors de son séjour au camp de Baïǰu ; mais il est intéressant de voir que l'armée de Perse n'était évaluée qu'au septième de celle du Qiptchaq.

2. En fait, plusieurs frères de Batu (Bärkä, Šiban, Ördû) avaient pris part à la campagne de 1241-1242.

3. Ces phrases sont empruntées au chapitre où Plancarpin décrit les préparatifs des Mongols contre l'Europe.

4. P. Pelliot, qui avait démontré l'origine lombarde d'Ascelin (ou Ezzelin) dans *Les Mongols et la Papauté,* nous avait communiqué une lettre du R.P. Mandonnet lui signalant un sceau édité par L. Blancard, *Iconographie des sceaux et bulles de Provence,* Marseille, 1860, 2 vol. in-fol., I, p. 220, et II, pl. 53 *bis.* M. Villard, archiviste en chef des Bouches-du-Rhône, a bien voulu rechercher pour nous ce document (III G, chartier

papa sicut jam supradictum[c] est missus cum sociis suis pervenit in exercitum Tartarorum[1], et hoc in Perside[d] ubi erat exercitus ille sub Baiothnoy[e] principe. Quod audiens idem princeps, in tentorio[f] suo sedens in vestimento deaurato, suis quoque baronibus in sericis vestibus preciosis ac deauratis circumstantibus, misit ad dictos fratres quosdam ex eisdem baronibus cum suo egyp, id est principali consiliario[2], et interpretibus. Qui premisso salutacionis eulogio dicunt eis : « Cujus nuncii estis ? » Frater autem Ascelinus[g] principalis domini pape nuncius respondit pro omnibus : « Ego sum domini pape nuncius, qui apud Christianos dignitate major omni homine[h] reputatur et ab eisdem illi tanquam patri ac domino reverentia exhibetur. » In hoc verbo illi quamplurimum indignati dixerunt : « Quomodo superbe loquentes dicitis quod papa dominus vester sit major omni homine ? Numquid scit ille quod chaam[i] sit[j] Dei filius[3] et quam Baiothnoy[k] et Batho sint[l] principes ejus[4] sicque nomina eorum divulgantur et magnificantur[m] ubique ? » Quibus frater Ascelinus[n] respondit : « Quis sit chaam[o] quisve[p] Baiothnoy[q] vel Batho[r] dominus papa nescit nec illorum nomina

c. dictum A. — d. Persyde B. — e. Baiotnoy B ; Bayothnoy D. — f. tondorio C. — g. Anselmus D. — h. dignitate major omni homine dignitate *(sic)* B. — i. chaan A. — j. scit D. — k. Baiotnoy B ; Bayothnoy D. — l. sunt E. — m. multiplicantur D. — n. Anselmus D. — o. chaan A. — p. quis B ; quis scit ve D. — q. Baiotnoy B ; Bayothnoy D. — r. Batho *manque* A.

de Montdragon, n° 151) : il s'agit d'un *vidimus* non daté d'un acte de 1214, scellé entre autres par le sous-prieur des Dominicains d'Avignon, dont le sceau porte *S. fratris Aicelini de Cremona*. Ascelin pourrait s'identifier à cet Ezzelin de Crémone sur lequel nous ne savons rien de plus.

1. La mission arriva au camp de Baiǧu le 24 mai 1247 (Pelliot, *Les Mongols...*, t. XXIV, p. 298). Sur l'emplacement de ce camp, cf. ci-dessous, p. 115.

2. Le mot *egyp* doit s'interpréter par l'arabe *ḥāǧib*, chambellan (Pelliot, *op. cit.*, t. XXVIII, p. 20, note).

3. P. Pelliot avait exprimé des réserves à propos de l'épithète de « fils du Ciel » attribué au khan (*Revue de l'Orient chrétien*, t. XXIV, p. 327) en commentant l'édit impérial donné plus loin ; il semble cependant que les interprètes mongols aient employé l'expression dès le début de leurs entretiens avec les Dominicains, et que celle-ci ne soit pas une simple traduction de *qaghan*.

4. La mention du nom de Batu à côté de celui de Baiǧu ne provient certainement pas ici d'une interpolation de Vincent. Elle paraît attester la place éminente que tenait Batu dans le dispositif mongol dirigé contre l'Occident. Cf. aussi, pp. 93, note 2 et 98.

unquam audivit. Hoc autem a pluribus audivit et intellexit quod
gens quedam barbara que dicitur Tartarorum de finibus orientalibus jamdudum exivit, que plures dominio suo regiones subjugavit
nullique parcens infinitam hominum multitudinem prostravit. Quod
si nomina chaam[s] suorumque principum recitari audisset alicujus
eorum nomen in litteris suis quas afferimus scribere nullatenus
obmisisset. At vero de tanta hominum strage, maxime Christianorum[t], dolore cordis tactus atque compatiens pietatis visceribus, de
consilio fratrum suorum cardinalium misit nos ad primum exercitum
Tartarorum quem citius invenire possemus[1], exhortans dominum
exercitus omnesque qui ei obediunt ut ab hominum strage et
maxime Christianorum facienda in posterum cessent, ac de perpetratis flagiciis vel facinoribus peniteant, sicut tenor litterarum
ipsius plene manifestat legentibus. Rogamus igitur eum per vos
ut litteras domini pape recipiat, visoque illarum tenore per suas
litteras sive per nuncium vel saltem solo verbo per me domino
pape respondeat. »

XXXII, 41. — Qualiter ab eis Tartari de muneribus[a] et de adventu Francorum inquisierunt.

His itaque peroratis barones predicti cum interpretibus suis ad
dominum suum reversi sunt eique verba fratris Ascelini[b] predicta
retulerunt. Post hec[c] aliquantulo spacio, prioribus vestibus mutatis,
aliisque de novo indutis[2], cum interpretibus suis ad fratres redierunt
sicque dixerunt : « Hoc unum querimus a vobis, utrum papa dominus

s. quod si nomina chaam *remplacé par* eidem si nomina *A*. — *t*. maximeque Christianorum *ABC ;* maxime christiano et *D*.

(41) *a*. mulieribus *D*. — *b*. Anselmi *D*. — *c*. hoc *E*.

1. Ascelin allait s'en tenir étroitement à cette mission : du fait qu'il
avait rencontré « la première armée des Tartares », il allait se refuser à
prendre la route de la Mongolie, ce que Plancarpin, au contraire, accepta
de faire.

2. Ce détail, soigneusement relevé par Simon de Saint-Quentin, du
changement de vêtements opéré par les « barons » mongols à chaque fois
qu'ils revenaient vers les ambassadeurs, mérite d'être noté. Plancarpin
a constaté, au moment du couronnement de Güyük, que les chefs mongols
étaient tous vêtus de velours blanc le premier jour, de rouge le second,
de bleu le troisième, de brocart le quatrième.

vester aliquid domino nostro Baiothnoy[d] mittat, quid[e] ei appor-
tetis ? » Quibus frater Ascelinus[f] respondit : « Nichil utique appor-
tamus ei ex parte domini pape, neque enim est illi consuetudo
alicui exennia mittere, infideli et ignoto maxime ; quin pocius
fideles ejus filii, scilicet Christiani, et eciam infideles quamplurimi
frequenter ei dona mittunt et exennia offerunt. » Tunc iterum illi
omnes ad tentorium Baiothnoy[g] reversi sunt, et post aliquantulam
moram aliis indumentis de novo induti redeuntes fratribus dixerunt : « Quomodo potestis pre verecundia ante dominum nostrum
velle comparere manibus vacuis, porrigendo litteras domini vestri,
quod nullus hominum huc veniens fecit ei[1] ? » Tunc frater Ascelinus[h] respondit : « Cum ubique et apud Christianos maxime consuetudo approbata obtineat ut quilibet nuncius litteras domini sui
ferens ante illum cui defert veniat ipsumque videat et ei propriis
manibus porrigat, si nos ante dominum vestrum absque muneribus accedere non licet nec vobis hoc placet, vobis omnibus si placet comittemus[i] domini pape litteras domino vestro
Baiothnoy[j] ex parte ipsius porrigendas. » In primis autem questionibus suis caute multumque solicite a fratribus inquirebant
utrum adhuc in Syriam Franci transfretassent. Audierant enim a
mercatoribus suis, ut dicebant, quod multi Francorum in Syriam

d. Baiotnoy B ; Bayothnoy D. — e. quod AD. — f. Anselmus D. — g. Baiotnoy B ;
Bayothnoy D. — h. Anselmus D. — i. mittemus B ; omittemus E. — j. Baiotnoy B ;
Bayothnoy D.

1. La même question est posée à Plancarpin et à Rubruck, chaque
fois qu'ils se présentent devant un prince mongol ; on notera que l'un et
l'autre se dessaisissent bon gré mal gré des objets de quelque prix qu'ils
emportent avec eux pour les offrir à Sartaq ou à Batu (Rubruck se refusant
à les donner, mais acceptant de laisser ses livres, ses vêtements liturgiques
et sa chapelle auprès de Sartaq pour satisfaire la curiosité de ce dernier,
lequel garda pour lui le psautier que la reine Marguerite avait donné au
Franciscain, et des objets qu'il remit à des prêtres nestoriens) ; de ce fait,
ils se trouvent hors d'état de renouveler cette offrande lorsqu'ils sont
introduits devant le grand-khan. Güyük et Möngkä paraissent accepter
volontiers leurs excuses, présentées, il faut l'avouer, de façon beaucoup
moins raide que ne le faisait Ascelin... Le cas d'André de Longjumeau,
qu'évoque Pelliot (t. XXIV, p. 316, n. 2) est différent : saint Louis l'avait
muni avant son départ de présents pour ceux qu'il devait visiter, après
avoir été avisé de l'usage, courant en Orient, d'offrir des cadeaux aux
princes lors de la réception des ambassades (cf. l'éblouissement de Plancarpin devant l'amoncellement des présents offerts à Güyük).

in brevi transfretarent, et tunc[k] autem et antea fortassis apud se cogitabant quales pedicas decepcionis eorum pedibus involvendis in ipso eorum introitu prepararent sive sub simulacione fidei christiane suscipiende sive sub qualibet alia mendaci dolositate ut ipsos a terrarum suarum introitu, Turquie scilicet et[l] Halapie, cohercerent seque saltem ad tempus amicos Francorum velle fieri simularent, quos super omnes homines qui sunt in mundo, sicut attestantur Georgiani et Armenii[m], formidant et timent[1].

XXXII, 42. — *Qualiter adorare Baiothnoy[a] fratres respuerunt.*

Post verba predicta barones cum interpretibus suis[b] ad domini sui tentorium redierunt, ibique paululum commorantes rursus vestimentis suis de novo immutatis[c] ad fratres reversi dixerunt : « Si vultis domini nostri faciem videre et ei domini vestri litteras presentare, oportet ut eum adoretis tanquam filium Dei regnantem super terram, trina prius ante ipsum facienda genuflectione. Sic enim precepit nobis chaam[d] regnans super terram filius Dei ut principes suos Baiothnoy[e] et Batho ab omnibus huc advenientibus faciamus sicut semetipsum adorari. Quod et usque nunc fecimus et imperpetuum firmiter observare proponimus. » Tunc dubitantibus quibusdam fratribus et inter se[f] conquerentibus quid sibi Baiothnoy[g] per adoracionem intenderet fieri, utrum scilicet ydolatriam vel aliud aliquid[2], frater Guichardus Cremonensis, sciens

k. Extunc *BD*. — l. et *manque D*. — m. Armeni *B*.

(42) a. Baiotnoy *B ;* Bayothony *D*. — b. suis *manque C*. — c. mutatis *D*. — d. chaan *A*. — e. Baiotnoy *B ;* Baiothnoi et Bato *C ;* Bayothnoy *D*. — f. inter et se *D*. — g. Bayothnoy *D*.

1. Sur le caractère tendancieux de cette interprétation, cf. Pelliot, *Les Mongols et la Papauté*, t. XXIV, p. 317 : dès le débarquement de saint Louis en Chypre, les Mongols allaient lui envoyer une ambassade dont les buts sont mal connus (*id.*, t. XXVIII, pp. 13-37, 64 et 65), mais qui devait envisager une action commune contre les Sarrasins, tout en notifiant peut-être au roi de France que certains pays musulmans étaient vassaux du grand-khan : tels la Turquie et Alep, cités ici. Simon de Saint-Quentin, au contraire, paraît avoir recommandé une attaque des Croisés contre la Turquie, ce qui aurait immanquablement amené les Mongols à entrer en guerre aux côtés du sultan.
2. Le même souci retient Plancarpin : il se plie volontiers, semble-t-il, au rite de la génuflexion devant les princes mongols, mais évite de s'asso-

mores et consuetudines Tartarorum quas a Georgianis didicerat inter quos etiam in eorum civitate Triphelis[h], in domo fratrum, per annos .VII. conversatus fuerat[1], super hoc illos certificans respondit : « De ydolatria exhibenda Baiothnoy[i] nullatenus formidetis, quia non hanc sibi petit a vobis fieri, sed in signum subjectionis domini pape tociusque Romane ecclesie mandato chaam[j] subiciende hanc sibi quam audistis reverentiam, omnibus ad se venientibus nunciis consuetam, exhiberi. » Omnes itaque fratres[2] circa peticionem hujusmodi deliberantes statuerunt unanimiter omnes se potius velle decapitari quam sic adorando genua flectere coram Baiothnoy[k], et hoc tum propter honorem universalis ecclesie conservandum, tum propter Georgianorum et Armeniorum, Grecorum[l] atque Persarum et Turcorum omniumque nacionum orientalium scandalum evitandum[m] ne scilicet per hujusmodi reverentiam quasi per signum subjectionis atque tributi quandoque Tartaris impendendi a Christianis occasio et materia exultacionis omnibus ecclesie inimicis per partes Orientales divulgaretur, et ne Christianis ab eis captivatis[n] atque subjectis spes sue liberacionis a Domino quandoque superventure per Romanam ecclesiam penitus auferretur. Et ne etiam eidem sacrosancte ecclesie in exhibenda Baiothnoy[o] a Christi fidelibus obediencia, defectu constantie mortisque timore macula quandoque irrogari vel opponi[p] posse videretur.

h. Trifelis C ; Tripolis D. — i. Baiothnoi BC ; Bayothnoy D. — j. chaan A. — k. Baiotnoi B ; Bayothnoy D. — l. et Grecorum A. — m. evitandum manque C. — n. captivitatis D. — o. Baiotnoy B ; Bayothnoy D. — p. proponi D.

cier à la prosternation vers le Sud qui accompagne la proclamation de Güyük, craignant que la cérémonie qui se déroule comprenne des incantations ou l'adoration de quelque divinité.

1. Sur Guichard de Crémone et le couvent dominicain de Tiflis, cf. notre introduction.

2. Guichard de Crémone était-il l'un des « frères » cités ici ? La façon dont il avait expliqué aux ambassadeurs le sens de l'adoration réclamée par Baïju peut donner à entendre qu'il aurait accepté, pour sa part, de s'y prêter. Et on verra plus loin, comme l'a remarqué Pelliot (Les Mongols..., t. XXIV, p. 308, n. 3), que les menaces des Mongols ne visent que quatre ambassadeurs. Pris comme interprète au couvent de Tiflis, Guichard n'était-il pas considéré comme étranger à l'ambassade qu'il accompagnait ?

XXXII, 43. — *Qualiter Tartaris cristianitatem fratres suaserunt.*

Porro frater Ascelinus*a* predictum consilium ac decretum ab omnibus fratribus observandum, de consensu ipsorum, libere coram omnibus illic astantibus protulit, insuper*b* addidit : « Ne forte, quod absit, materia dissensionis et occasio malignandi in responsionibus nostris a*c* domino vestro vel etiam ab aliis valeat reperiri, quia fortasse superbiam ac rigorem inflexibilem auribus ejus vel aliorum verba nostra videbuntur*d* innuere, hoc etiam per vos significamus ei quod omnem reverentiam eidem parati sumus exhibere quam decet nos, Dei sacerdotes ac religiosos viros et nuncios domini pape, salva christiane religionis*e* dignitate et observata in omnibus ecclesie libertate. Illam quoque*f* reverentiam quam nostris majoribus ac regibus et principibus facere consuevimus, quam etiam docet nos sacra Scriptura dicens : « Magnato humilia caput tuum »[1], parati sumus domino vestro facere propter bonum pacis et unitatis et concordie. Illam quoque*g* quam petitis omnino respuimus tanquam ignominiam religionis christiane mortemque quamcumque nobis dominus vester inferre voluerit potius eligimus sustinere. Si autem, quod dominus papa et omnes Christiani quamplurimum exoptarent, dominus vester Baiothnoy*h* vellet christianus fieri, non solum ante ipsum genua flecteremus*i*, verum etiam ante vos omnes parati essemus insuper et plantas pedum ipsius omniumque vestrum etiam minorum propter Deum humiliter osculari. » Quod illi ut audierunt super ammonicione ista quamplurimum indignati ac perturbati cum impetu et furore vehementi fratribus*j* sic responderunt : « Monetis ut christiani fiamus nos simusque canes sicut et vos[2]. Nonne papa

---

(43) *a.* Anselmus *D.* — *b.* et insuper *A.* — *c.* a *manque C.* — *d.* videbantur *DE.* — *e.* religionis christiane *C.* — *f.* illam vero *C.* — *g.* Illam vero *C.* — *h.* Baiotnoy *B ;* Baiotnoi *C ;* Bayothnoy *D.* — *i.* flectemus *AB ;* flectere *C.* — *j.* fratribusque *B.* —

1. Eccl., IV, 7.
2. Cf. la relation de Rubruck ; à son départ de la cour de Sartaq, son hôte l'avertit d'éviter de qualifier ce dernier de chrétien, car le terme de chrétien était compris comme désignant une race, et la fierté mongole se refusait à une telle assimilation, « le nom de Mongol devant être exalté au-dessus de tout autre nom » (chapitre XVI. Rubruck explique plus loin qu'il ignore si Sartaq croit au Christ, mais qu'il sait qu'il ne veut pas être appelé chrétien). Rien d'étonnant à ce que la proposition d'Ascelin ait déchaîné l'indignation des « barons » de Baïju.

vester est canis et vos omnes Christiani canes estis ? » Ad hec
frater Ascelinus[k] nullatenus nisi per predictorum abnegaciones que
vera esse supponebant respondere potuit, impeditus videlicet eorum
rugitibus ac fremitibus clamosis et[l] protervis. Itaque predicti
barones cum interpretibus suis ad tentorium domini sui redierunt
et sicut responderant fratres eidem plenarie retulerunt.

XXXII, 44. — *Qualiter illi de sententia mortis in fratres tractaverunt*[1].

Audiens itaque Baiothnoy[a] que suo egyp[b] et baronibus et interpretibus suis responderant et indignanter sustinens, in eosdem
fratres exarsit furore, ter ipsos per sententiam diffinitivam occidendi precipiens[2], innocentem eorum sanguinem effundere non
abhorrens nec omnium gentium consuetudinem approbatam me-
tuens infringere que permittit ubique nuncios progredi et regredi
libere et secure. Quidam vero ejus consiliarii hoc modo dicebant :
« Non interficiamus omnes illos, sed tamen duos ex illis et ad papam
remittamus alios duos. » Alii vero dicebant hoc modo : « Excorietur
eorum unus, videlicet principalis domini[c] pape nuncius, ejusque
pellem impletam palea per socios suos ad dominum suum trans-
mittamus. » Iterum alii dicebant : « Duo tantum ex illis primo
fustigati per totum exercitum occidantur, alii autem duo quo-
adusque Franci eos subsequentes huc veniant reserventur. » Porro
etiam alii dicebant hoc modo : « Duos ex illis nobiscum ducamus
in exercitum ut ibi multitudinem et potestatem nostram intueantur

---

k. Anselmus *D*. — *l*. atque *AC ;* clamorosis atque *D*.

(44) *a*. Baiotnoy *B ;* Bayothnoy *D*. — *b*. egip *AB ;* Aegip *D*. — *c*. domini *manque ABC*.

1. Sur tout ceci, cf. l'interprétation de Pelliot, dans l'article cité,
pp. 309-311 : Baiǰu indigné du refus de prosternement, de l'invitation à
embrasser le christianisme et de l'absence de cadeaux, décide de faire
exécuter les religieux. Son entourage l'arrête ; il décide alors de les envoyer
à Qara-Qorum. Ascelin refuse ; Baiǰu consent à ce que les lettres du pape
lui soient remises (sans pour autant accorder audience) de façon à les
envoyer immédiatement à la cour du grand-khan.

2. La trace de cette indignation se retrouve dans les lettres que Baiǰu
devait envoyer au pape en juillet 1247 : *Tui nuncii magna verba dixerunt ;
nescimus utrum injunxeris eis ita loqui aut a semetipsis dixerunt*. La réalité
de la sentence de mort paraît donc des plus vraisemblables.

et jacentibus machinis hostium nostrorum ante illas ponantur, sicque non a nobis sed a machinis interfici arbitrentur. » At vero Baiothnoy[d] sentencia prevalebat ut capitali sententia plecterentur omnes illi quia contumaces fuerant in prostracione et adoracione facienda sibi. Tandem, Illo super ordinante[e], qui dissipat cogitaciones malignorum, una de sex uxoribus Baiothnoy[f], que antiquior erat, et quidam etiam qui super nuncios illuc venientes[h] curam habebant omnibus modis quibus poterant restiterunt sententie date[h] de nece fratrum. Illa siquidem uxor ejus taliter coram eo perorabat : « Si nuncios istos occideris, omnium qui te tale quid[i] fecisse audierint, odium et horrorem incurres donaque et exennia que tibi a magnis hominibus e diversis ac longinquis[j] regionibus transmitti solebant amittes. Nuncios etiam tuos quos ad magnos homines mittis ubique justo freti judicio destruent et occident absque ulla miseracione. » Ille quoque qui nunciorum advenientium curam habebat Baiothnoy[k] sic dicebat[l] : « Nosti si recolis quantum iratus michi fuerit chaam super occisione cujusdam nuncii quem interficere michi precepisti, cujus cor a visceribus extractum ad incuciendum terrorem aliis nunciis venturis et omnibus aliis audituris in equi mei pectorali per[m] totum exercitum tuum me publice deportare fecisti. Si ergo nuncios istos occidere michi jusseris, non occidam, sed a te fugiam et innocentiam meam conservans festinabo quam cicius ad chaam et de morte istorum in plenaria curia tanquam maleficum et homicidam inauditum accusabo te atque convincam. » His ergo persuasionibus Baiothnoy[n] emollitus et confractus cor suum fellitum et turbulentum paulatim fervore subtracto sedavit penitus ac pacificavit[1].

---

d. Baiotnoy B ; Baiothnoi C ; Bayothnoy D. — e. Deo ordinante D. — f. Baiotnoy B ; Bayothnoy D. — g. nuncios advenientes D. — h. late D. — i. qui tale quid te C. — j. longis ABDE. — k. Bayotnoy B ; Baiothnoi C ; Bayothnoy D. — l. dicebant B. — m. ver D. — n. Baiotnoy B ; Bayothnoy D.

1. Comme l'a remarqué Pelliot, ce n'est pas directement que les Dominicains eurent connaissance des discussions qui s'élevèrent dans l'entourage de Baiǰu à la suite de leur refus de se prosterner et de l'invitation à la conversion au christianisme adressée aux Mongols. Mais, compte tenu de certaines déformations, il est possible qu'ils en aient eu connaissance grâce au personnel de la chancellerie avec lequel nous les verrons se mettre en rapport.

XXXII, 45. — *Qualiter de modo adorandi ad invicem sunt altercati.*

Denique post moram solito longiorem barones ad fratres cum interpretibus reversi sunt dominique sui furorem ex illorum responsione conceptam caute[a] dissimulantes ipsos taliter allocuti sunt : « Ex quo nullatenus dominum nostrum flexo genu adorare dignamini, querimus quis sit modus apud vos secundum quem majores vestros prout decet illorum dignitatem veneramini. Preterea si vos venire permittimus ante presentiam domini nostri, querimus quem honoris ac reverentie modum facietis ei prout decet vos ejus dominacionem humiliter venerari. » Tunc frater Ascelinus[b] capucium suum a capite paululum subtrahens et parumper caput inclinans sic ait : « Hic est modus reverentie quem nostris majoribus exhibemus et hanc Baiothnoy[c] domino vestro, nullamque aliam ulla constricti violentia exhibere proponimus. » Iterum vero quesierunt illi quis esset modus secundum quem Deum adorant Christiani. At ille respondit : « Multis Christiani Deum adorant modis, quoniam alii ad terram prostrati, alii genibus in terram defixis atque aliter alii et alii. Et multi quidem ac diversi de longe venientes dominum vestrum adorant venerantes, ipsius tyrannizacione perterriti ejusque servi facti et sclavi. At vero dominus papa et omnes Christiani tyrannizacionem non metuunt nec ab eis ex racione[d] potestis hanc adoracionem exigere, nec quod precepit chaam illis demandare qui ei nulla juridictione vel dominacione subjecti sunt. » Iterum predictis questionibus aliam addiderunt : « Cum vos Christiani adoretis ligna et lapides, id est lignis et lapidibus insculptas cruces, quare Baiothnoy[e] adorare dedignamini, quem filius Dei chaam ut seipsum precepit adorari ? » Huic autem questioni duplici articulo innodate, frater Ascelinus[f] sic respondit ex ordine[1] : « Ligna et lapides non adorant Christiani, sed signum crucis eisdem impressum, propter

---

(45) *a.* tante *E.* — *b.* Anselmus *D.* — *c.* Baiotnoy *B ;* Bayothnoy *D.* — *d.* ab eis errorem *B ;* et ratione *E.* — *e.* Baiotnoy *B ;* Bayothnoy *D.* — *f.* Anselmus *D.*

1. La dialectique dominicaine reprend ici ses droits : Ascelin prend soin de rétorquer les divers éléments de l'objection qui lui a été opposée, et Simon de faire remarquer cet exemple de bonne méthode...

Dominum nostrum Jesum Christum in ea suspensum qui membris suis tanquam preciosis eam margaritis ornavit, suoque cruore consecravit et in ea salutem nostram acquisivit. Dominum autem vestrum predictis racionibus nullatenus possumus adorare, quantalibet nobis proposita cruciatuum passione. »

XXXII, 46. — *Qualiter ad chaam ire recusaverint.*

Finitis hujusmodi verbis dicti barones ad dominum suum revertentes eique fratrum verba referentes, post aliquantulam iterum moram de mandato ejus ad fratres redierunt dicentes : « Dominus noster Baiothnoy[a] mandat vobis ut vos ire ad chaam, dominatorem ac regem omnium Tartarorum preparetis[b]. Tunc enim ad eum venientes quis et quantus sit videbitis, quantaque sit ejus potentia, quantaque gloria, que omnia nunc abscondita sunt ab oculis vestris apertissime cognoscetis. Ipsi vero chaam litteras ex parte domini vestri pape propriis manibus poteritis presentare visisque potentia et gloria diviciisque[c] chaam infinitis eidem domino vestro veraciter poteritis que ibi videritis et audieritis nunciare »[1]. At vero frater Ascelinus[d] maliciam Baiothnoy[e] percipiens et advertens, quam eciam prius jam didicerat a pluribus, tam christianis quam infidelibus[2], sic respondit baronibus : « Cum dominus meus, ut alias dixi[f], nomen chaam non audierit nec me ad ipsum ire preceperit, sed ad primum quem invenire possem exercitum Tartarorum miserit, ad chaam ire nolo nec debeo, presentia domini vestri et exercitus ejus quos hic reperi contentus et injuncti michi officii

---

(46) *a.* Bayothnoy *D.* — *b.* properetis *ADE.* — *c.* diviciis quoque *AC.* — *d.* Anselmus *D.* — *e.* Baiotnoy *B ;* Bayothnoy *D.* — *f.* (ut alias dixit) *D.*

1. Pelliot a remarqué que le refus obstiné d'Ascelin à se plier aux exigences de l'étiquette mongole avait pu impressionner l'entourage de Baiju et décider ce dernier à envoyer les Dominicains au grand-khan, comme Batu l'avait fait pour Jean de Plancarpin. Mais la méfiance d'Ascelin ne lui permit pas de donner suite à ce projet. Il est d'ailleurs remarquable que Baiju n'ait pas employé la force pour l'y faire consentir.
2. Nous ne savons malheureusement rien des contacts que l'ambassadeur du pape avait noués avec ceux dont il est question ici, avant d'arriver au camp des Mongols, et sur les informations qu'il avait recueillies de la sorte.

execucione sufficienter liberatus. Litteras itaque pape[g] domino vestro et ejus exercitui paratus sum ostendere, si placuerit recipere ac videre ; sin autem ad ipsum[h] remeabo eique rem gestam per ordinem nunciabo. » Rursus illi : « Qua fronte », inquiunt, « vos Christiani omnes audetis dicere quod papa sit omni homine major dignitate ? Quis enim unquam audivit quod papa vester tot et tanta regna sibi acquisierit quot et quanta filius Dei chaam, Deo sibi hoc largiente, acquisivit ? Quis unquam tam longe lateque diffundi audivit nomen pape sicut et nomen chaam in orbe terrarum jam diffunditur et dilatatur ac timetur ubique ? Jam enim ab ortu solis usque ad mare Mediterraneum et usque ad Ponticum Deo jubente dominatur, et ubique in his terminis nomen ejus magnum ac celebre ab omnibus in eis habitantibus timetur et honoratur. Chaam ergo major est papa vestro et omni homine potentia et gloria sibi a Deo datis et acquisicionis dignitate. » Ad primam partem hujus questionis frater Ascelinus[i] sic respondit : « Dominum papam omni homine majorem dicimus[j] dignitate quia beato Petro ejusque successoribus concessa est a Domino potestas universalis sacrosancte matris Ecclesie, hac eadem illis usque ad consummacionem seculi perdurante. » Denique hanc eis questionem fratre Ascelino[k] multis modis et exemplis explanante, illi tanquam brutales homines nullatenus intelligere valuerunt plenarie. Ceteris autem articulis non potuit respondere, impeditus eorum protervia[l] et clamosa[m] instantia, magis ac magis eorum vesania erumpente.

XXXII, 47. — *Qualiter domini pape literas in Tartaricum ydyoma transferri fecerunt.*

Post hec dicti barones reversi, verba fratrum Baiothnoy[a] referentes, aliquantulum ibidem morati rursum ad fratres redierunt dicentes : « Dominus noster Baiothnoy[b] per nos mandat vobis[c] ut domini vestri pape litteras ab ipso tenendas et inspiciendas, nobis

g. domini pape *AB*. — h. idipsum *DE*. — i. Anselmus *D*. — j. diximus *A*. — k. Anselmo *D*. — l. proterva *ABC*. — m. clamorosa *D*.

(47) a. Baiotnoy *B* ; Bayothnoy *D*. — b. Baiotnoy *B* ; Bayothnoy *D*. — c. mandat per nos vobis *D*.

omnibus tanquam nunciis suis fidelibus ac securis committatis. »
Itaque frater Ascelinus[d], non vocatus ad presentiam Baiothnoy[e]
sed exclusus, commisit ei litteras, licet contra consuetudinem nunciorum approbatam hoc faceret invitus. Illi vero regredientes cum
litteris ad dominum suum reversi sunt post paululum dicentes ut
mediantibus fratribus et aliis interpretibus ibidem astantibus littere
pape in persica lingua[1] scriberentur, deinde Baiothnoy[f] porrecte
iterum de persico in tartaricum exponite ab ipso Baiothnoy[g] per-
lucide et aperte audirentur. Tunc frater Ascelinus[h] cum tribus suis
fratribus ac tribus[i] interpretibus et scriptoribus Baiothnoy[j] se a
multitudine astantium sequestravit nulloque illis umbraculo super-
astante[2] litteras domini pape de[k] verbo ad verbum, mediantibus
aliis interpretibus, exposuit, Persis[l] siquidem notariis scribentibus
ea que audiebant a Turcis et a Grecis interpretibus et[m] etiam a
fratribus. Itaque litteris transcriptis ac mediantibus interpretibus
suis in tartarico[n] Baiothnoy[o] expositis eisque penes se cum bulla
retentis, idem Baiothnoy[o] misit iterum predictos barones ad fratres
cum quodam magno scriba[p] et solemni chaam, qui statim ad ipsum
iter arrepturus erat[3], dicentes : « Mandat vobis Baiothnoy[q] ut ex
vobis eligantur duo qui vadunt ad chaam statim cum isto servo
suo usque ad ipsum secure ac fideliter illos perducturo[r]. Qui ad

d. Anselmus D. — e. Baiotnoy B ; Baiothnoi C ; Bayothnoy D. — f. Baiotnoy B ;
Baiothnoi C ; Bayothnoy D. — g. Bayothnoy D. — h. Anselmus D. — i. suis DE. —
j. Baiotnoy B ; Bayothnoy D. — k. de manque AB. — l. Parsis E. — m. et manque D. —
n. suis et etiam in tartarico B. — o. Baiotnoy B ; Bayothnoy D. — p. scribit B. —
q. Baiotnoy B ; Bayothnoy D. — r. perducente D ; perducto E.

1. L'emploi du persan par l'administration mongole paraît avoir été
très général. Pelliot estimait que cette langue servait de *lingua franca* dans
l'empire mongol, au point que le mot de *sarracenicum* utilisé par Plancarpin, et celui de langue *houei-houei* employé par les Chinois et qui veut
dire langue musulmane, désignent l'un comme l'autre la langue persane
(P. Pelliot, *Notes pour servir à l'histoire de la Horde d'Or*, pp. 164-165).
2. La traduction des lettres pontificales s'effectua donc en plein soleil.
Sur la méthode employée, les secrétaires persans écrivant ce que leur
dictaient les interprètes grecs et turcs auxquels, sans doute, les Dominicains avaient traduit les lettres du latin en langue vulgaire, cf. Pelliot,
Les Mongols et la Papauté, t. XXIV, p. 310.
3. Pelliot parlait d' « un messager qui devait partir sur l'heure ». Le
texte paraît bien indiquer qu'il s'agissait d'un haut fonctionnaire de la
chancellerie du grand-khan, alors à l'armée de Perse et qui repartait pré-
cisément pour Qara-Qorum.

illum pervenientes domini vestri litteras ejus presentie[s] porrigent ipsiusque[t] responsionem et ea que viderint de potentia et[u] gloria chaam domino suo referent. » Quibus frater Ascelinus[v] respondit : « Diximus alias[w] quod ex mandato nobis injuncto ad chaam ire non tenemur et ligari quidem possumus ac violenter illuc duci, sed spontanei non ibimus nec ducemur. Inter nos quoque nolumus dividi, nec in hac legacione commissa nobis[x] ab invicem separari. » Tunc illis recedentibus predictus scriba rediit, caute verbis dolosis et adulatoriis interpositis, fratrem Ascelinum[y] de verborum duricia reprehendens, et si quomodo ipsum ad Baiothnoy[z] adoracionem inclinare valeret temptans. Cui frater Ascelinus[aa] ait : « Putabam, inquit, ut a pluribus audieram quod inter Tartaros libenter veritas audiretur, sed, ut video, jam corruit in plateis eorum nec ad illos ingreditur nec ab eis diligitur nec[ab] veretur. Duo verba dixi quod dominus papa quoad Christianos dignitate[ac] major sit omni homine et quod nescit quis sit chaam quisve Baiothnoy[ad]. Que plus ceteris verbis meis gravaverunt[ae] Baiothnoy[af] suosque barones ut advertere potui, sed pro libertate fidei ac veritatis huc assisto hominemque mortalem non timeo. » Cumque jam vespere[1] fratres debebant a curia licentiari scriba predictus, in crastino profecturus, fratres coram se fecit advocari legitque coram omnibus litteras quas chaam Baiothnoy[ag] transmiserat per totum orbem demandandas[ah], admonens fratres ut ea que in eisdem litteris audirent memoriter retinerent. Omnia vero predicta utrinque proposita fuerunt in die prima[2].

---

s. ejus presentie *manque A*. — *t*. ipsumque *E*. — *u*. in *E*. — *v*. Anselmus *D*. — *w*. Alias diximus *A BC*. — *x*. nobis commissa *A B*. — *y*. Anselmus *D*. — *z*. Baiotnoy *B ;* Bayothnoy *D*. — *aa*. Anselmus *D*. — *ab*. ut *C*. — *ac*. dignitate *manque A*. — *ad*. Baiotnoy *B ;* Bayothnoy *D*. — *ae*. gravaverit *A*. — *af*. Baiotnoy *B ;* Bayothnoy *D*. — *ag*. Baiotnoy *B*. — *ah*. demandans *C*.

1. « Le soir étant déjà venu. »
2. Cette assertion a beaucoup surpris Pelliot : « il est invraisemblable que Baiǰu ait ordonné trois fois dans la même journée de mettre à mort les missionnaires. La comparaison de XXXII, 44, de la fin de XXXII, 48 et du début de XXXII, 49, me paraît d'ailleurs en faveur de trois condamnations qui s'échelonnent sur les neuf semaines que les frères passèrent au camp... Les propos tenus pour ou contre la condamnation, et qui sont tous réunis dans XXXII, 44, seraient donc à répartir également sur toute cette période ». En fait le *ter ipsos... occidendi precipiens* du chapitre 44 peut en effet se rapporter à trois accès d'indignation du général mongol qui

XXXII, 48. — *Qualiter fratres dolis et illusionibus Tartari*
apud se diutius detinuerunt.

Eadem itaque die in sero, tenore litterarum audito, promittentibus illis baronibus et scriba quod eisdem fratribus traderetur
earum transcripti copia[1], fratres ad tentorium suum redierunt jejuni
per miliare magnum[a] distans a tentorio Baiothnoy[b]. Transactis
postea diebus .IIII. frater Ascelinus[c] et frater Guichardus ante
tentorium Baiothnoy[d] venientes mediantibus baronibus et interpretibus suis eidem mandavere quatinus tenori litterarum domini
pape sicut idem tenor earum exposcebat, aliquo modo dignaretur
respondere ipsosque fratres, ad papam quam citius remittendo,
secure per terram suam conducere. Quidam vero barones, qui
malicie quam adversus fratres Baiothnoy[e] conceperat assensum
prebuerunt, taliter fratribus[f] responderunt : « Altera die cum ante
domini nostri Baiothnoy[g] curiam venissetis, intelleximus ex verbis
vestris quod ad videndum exercitum Tartarorum veneratis. Cum
igitur totus exercitus noster nondum in unum congregatus sit,

(48) *a.* magnum *manque A.* — *b.* Baiotnoy *B ;* Bayothnoy *D.* — *c.* Anselmus *D.*
— *d.* Baiotnoy *B ;* Bayothnoy *D.* — *e.* Baiotnoy *B ;* Bayothnoy *D.* — *f.* fratribus
manque D. — *g.* Bayothnoy *D.*

auraient eu lieu à des moments différents ; mais n'est-il pas possible aussi
de penser que les Mongols consacrèrent assez de temps aux envoyés du
pape dans cette première journée — ce que rendait nécessaire le départ du
scriba magnus pour Qara-Qorum — pour ne plus s'occuper d'eux pendant
les semaines suivantes, sauf à leur témoigner un mépris calculé ? Les
chapitres suivants attestent qu'il n'y eut plus pour les Dominicains qu'à
attendre la réponse à la lettre du pape et la permission de quitter le camp.
  1. S'agit-il ici (c'est l'interprétation de Pelliot) de la copie de l'édit du
grand-khan, adressé à Baïju pour que celui-ci en donne connaissance au
monde entier, dont le *scriba* avait donné lecture aux frères, et dont on
leur promettait ici une copie ? La question se pose de savoir en ce cas
si c'est là le texte qui est inséré au chapitre 52, ou bien si l'édit dont les
envoyés pontificaux emportèrent la traduction et dont Simon donnait le
texte dans son *Historia Tartarorum* était un autre document arrivé plus
tard au camp de Baïju, ce qui semble plus probable (ci-dessous, pp. 111,
113, 116 n. 2). Mais n'est-ce pas de la traduction des lettres du pape que
l'on avait promis de donner copie aux Dominicains ? Car, à la fin du chapitre précédent, Simon précise bien, à propos de l'édit dont on leur avait
donné lecture, qu'on les avait avertis de le retenir *memoriter*. Ne faut-il
pas comprendre : « de mémoire » ?

ipsum quoque nondum videritis, adhuc a curia licentiari vel ab exercitu nostro nunc exire non potestis. » Quibus verbis frater Ascelinus[h] sic respondit : « Sicut in prima die super hoc verbo pluries vobis respondimus, nequaquam ad videndum exercitum vestrum principaliter, sed propter domini pape litteras ad vos deferendas earumque responsionem eidem referendam huc venimus, licet utique ad nostrum adventum consequatur videre vos et vestrum exercitum. » Tunc baronibus ad Baiothnoy[i] redeuntibus et se illi predicta verba nunciare statimque responsionem ipsius fratribus[j] referre promittentibus, idem fratres in solis fervore commorantes illosque ad se reversuros a prima diei hora usque ad nonam expectantes tandem ad tentorium suum vacui reversi sunt, nullamque responsionem audierunt. Sic etiam alias multociens causa licentie obtinende curiam frequentantes a Tartaris sunt illusi et ut viles garciones responsione illorum indigni, immo etiam velut canes ab eisdem sunt reputati. Itaque sepius, immo quasi quotidie ad curiam accedentes et a prima usque ad sextam ac frequentius usque ad nonam in ardore solis, mensibus junio julioque[k], nullo eos operculo obumbrante commorantes, responsionem fieri sibi[l] licentiamque dari petierunt, et sine responsione vel etiam sine collocucione illorum de curia indignantium ad ipsos accedere ac loqui ad tentorium suum jejuni et famelici redierunt. Sic predictus Baiothnoy[m] adversus illos indignatus et ad excusacionem malicie sue duriciam responsionum eorum pretendens illosque ter, ut dictum est, occidi precipiens, per .ix. septimanas ipsos in exercitu suo retinuit, tanquam nulla eos audientia[n] dignos vilipendens[1]. Itaque fratres omnem ejus maliciam indignacionemque patienter et humiliter sufferebant ac neccessitatem in virtutem sollerte commutabant.

h. Anselmus D. — i. Bayothnoy D. — j. ipsius fratribus *manque A*. — k. junio et julioque C. — l. sibi fieri AB. — m. Bayothnoy D. — n. audientia *manque A*.

1. Cette longue attente, où Simon de Saint-Quentin ne vit qu'une brimade, n'était-elle pas due à ce que Baiju désirait avoir une réponse du khan à la lettre dont il lui avait fait transmettre la teneur par le « grand écrivain » dont il a été question plus haut ? Quant à une audience, il se refusait à l'accorder aux frères du fait que ceux-ci n'entendaient pas se conformer à l'étiquette en acceptant de se prosterner. En fait, d'ailleurs, c'est au bout de cinq semaines, et non de neuf, que le chef mongol les fit

XXXII, 49. — *Qualiter illos Angutham*[a] [1]
expectare compulerunt.

Denique per .v. septimanas execucionem in eos late sententie suspendens, tandem litteris eorum factis ad papam transmittendis nunciis quoque preparatis cum ipsis ad eum destinandis, cogitavit eos licentiare, videlicet in festo sancti Johannis Baptiste. Sed die tercia sequenti eandem licentiam revocavit quam eis concesserat, dicens se nolle ipsos ab exercitu suo tunc recedere, quoniam a domino suo chaam Dei filio nuncium quendam magnum ac solemnem, Angutha nomine, statim in exercitum suum adventurum esse[b] audierat, qui etiam ab ipso chaam, ut plures asserebant, super totam Georgiam imperandi mandatum habebat. Hic etenim Angutha in curia chaam magnus ejusdem consiliarius erat, sciebatque qualiter ipse chaam domino pape rescripserat[2], mandatumque

---

(49) *a.* Angutan *A ;* Anguthan *D (nous avons adopté la lecture* Angutha *au lieu de* Augutha *que porte notre texte, en suivant P. Pelliot, op. cit., t. XXIV, p. 312)* — *b.* esse *manque A.*

informer de sa décision de les renvoyer de sa cour, décision qu'il devait rapporter deux jours après (cf. Pelliot, *op. cit.*, t. XXIV, p. 311). Cette décision équivalait à l'annulation de la sentence de mort portée contre eux et simplement suspendue, dont Simon fait état au début du chapitre suivant (en attribuant peut-être aux décisions du général mongol la rigueur et la précision d'une sentence de justice telle que la concevaient des Occidentaux à l'époque de la renaissance du droit romain). Il en résulte que les neuf semaines représenteraient la totalité du séjour des envoyés pontificaux au camp de Baïǰu, et qu'il ne convient pas de les additionner avec les cinq semaines séparant la sentence de son annulation, comme l'avait fait Bergeron (Pelliot, p. 311, n. 1). Le séjour dura exactement du 24 mai au 25 juillet 1247.

1. Pelliot a identifié cet *Angutha* avec Älǰigîdäi, lequel fut envoyé en 1247 par Güyük pour « soumettre les pays d'Occident », essaya en 1248 d'entrer en relation avec saint Louis et fut exécuté en 1251 (*Les Mongols et la Papauté*, t. XXIV, pp. 311-312, et XXVIII, pp. 14-15 et 31-32 ; Spuler, *Die Mongolen in Iran*, pp. 38, 42, 203). Juwaini annonçait son intention de consacrer un chapitre à ce personnage ; il ne semble pas l'avoir écrit (cf. Juwaini, trad. Boyle, II, p. 590).

2. Est-ce vraiment le 26 juin que Baïǰu fut en mesure d'annoncer aux Dominicains qu'Älǰigîdäi était au courant de la réponse faite huit mois plus tôt par le grand-khan à l'ambassade de Plancarpin, dont il est douteux que Baïǰu ait eu connaissance avant l'arrivée d'Ascelin ? Le *magnus scriba* était parti le 25 mai. En admettant qu'il eût voyagé très rapide-

novum ab ipso chaam per universum orbem transmittendum affere-
bat, sicut ipsemet Baiothnoy[c] asserebat[1]. Quod videlicet mandatum
volebat idem Baiothnoy[d] fratribus intimare, ipsum ad papam trans-
criptum per eosdem fratres ac nuncios suos transmittere. Idemque
Angutha quotidie prestolabatur a Baiothnoy[e] majoribus baronibus
de illo exercitu cum multo jumentini lactis ad potandum apparatu.
Ideoque nolebat fratres licet jam licentiatos adhuc recedere, donec
ad exercitum pervenisset homo ille mandatum novum chaam alla-
turus et forte de morte fratrum, ut quidam vehementer credebant,
quam usque tunc distulerat, cum ipso diffinitivum consilium habi-
turus. Fratres autem, tyrannidi[f] ejusdem Baiothnoy[g] resistere non
valentes, per tres septimanas et amplius adhuc patienter et humiliter sustinuerunt adventum Anguthe de die in diem prestolantes,
stabantque firmi et immobiles. Panem arctum[h] et aquam brevem
pro sustentacione corporali quandoque vix ad sufficientiam habentes,
et pre defectu panis usque ad vesperam quandoque jejunantes,
caprinum et vaccinum lac et etiam fortasse[i] quandoque jumentinum
comedebant. Aquam etiam puram frequentius bibebant et quandoque pro magna pictantia mixtam cum acetoso lacte, nulla de
vino facta mencione.

XXXII, 50. — *Qualiter post ejus adventum recesserunt.*

Porro fratre Ascelinus[a] per moram illam quam illic contrahebat
cogitans defacili passagium maris[b] propter ineptitudinem hyemalis

---

c. Baiotnoy *B ;* Bayothnoy *D.* — *d.* Bayothnoy *D.* — *e.* Baiotnoy *B ;* Bayothnoy *D.* —
f. tyranni *BE.* — *g.* Baiotnoy *B ;* Bayothnoy *D.* — *h.* artum *E.* — *i.* fortasse *manque A.*

(50) *a.* Anselimus *D.* — *b.* magris *B.*

ment, grâce aux relais de la poste mongole, était-il arrivé à Qara-Qorum
(ou à Sira-Ordo) à temps pour qu'un messager pût atteindre Baïʊ le
26 juin en l'avisant qu'Äljigîdäi, qui était certainement déjà parti de la
cour du grand-khan, avait été informé de la démarche d'Innocent IV et
qu'il fallait attendre son arrivée pour répondre aux ambassadeurs ? Pelliot
(t. XXIV, p. 312) répondait par la négative, et pensait que Simon avait
introduit dans son récit à la date du 26 juin un fait dont il n'eut connaissance qu'un mois plus tard : la participation supposée du nouvel arrivant
aux délibérations qui précédèrent la remise à Plancarpin de la lettre de
Güyük au pape.

1. Cf. *infra*, pp. 115-117.

temporis futuri[c] se posse amittere[1], perrexit ad quendam magnum consiliarium curie, rogans ut pro fratribus apud Baiothnoy[d] preces interponere vellet, quatenus eis recedendi licenciam concederet. Volens etiam tempus redimere, quoniam dies mali erant, exennia quedam eidem consiliario promisit si ad hoc ipsum adjuvaret. Ille igitur ad Baiothnoy[d] accedens ac bona verba precesque pro fratribus interponens, litteras pape transmittendas, ut jam[e] fuerat ordinatum, de mandato Baiothnoy[f] fieri precepit ac nunciis ordinatis qui litteras Baiothnoy[g] et chaam ad papam transferrent, recedendi licentiam fratribus impetravit. Porro, litteris factis, nunciisque in eisdem litteris nominatis et ad iter arripiendum preparatis, ecce in ipsa die qua pariter exituri erant de exercitu, predictus Angutha supervenit cum avunculo soldani Halapie et fratre[h] soldani Mosoul[i] — que olim Ninive vocabatur[2] —. Illi quoque duo Angutha[j] comitantes de chaam veniebant, cui pro nepotibus suis homagium fecerant eumque quampluribus donis et exenniis honoraverant, ac tributarii ejusdem effecti fuerant. Igitur et ante presentiam Baiothnoy[k] pervenerunt, ei dona et exennia quamplurima offerentes, ipsumque[l] cum trina genuum flectione capitumque in terram allisione secundum mandatum chaam adorantes. Itaque Baiothnoy[m] et omnes ejus consiliarii de adventu Anguthe[n] et comitum ejus super modum[o] exultantes festum et gaudimonium[p] secundum

c. futuris E. — d. Bayothnoy D. — e. jamdudum C. — f. Bayothnoy D. — g. Bayothnoy D. — h. fratres C. — i. Mossoal ABDE. — j. Angutham AB. — k. Baiotnoy B ; Bayothnoy D. — l. ipsaque C. — m. Bayothnoy D. — n. Angute C. — o. supramodum C. — p. gaudium D.

1. En fait il semble bien, comme c'est l'avis de Pelliot (op. cit., XXIV, p. 329) que la mission d'Ascelin ne put profiter du « passage d'été », car, partie le 25 juillet 1247 du camp, elle ne put être à Acre (si c'est par là qu'elle revint) avant le 22 septembre, date déjà avancée pour la navigation médiévale en Méditerranée. Elle ne fut en tout cas pas de retour en Europe avant l'été de 1248.

2. L'oncle du « sultan » d'Alep (le malik al-Nâsir Yûsuf, alors sous la régence de sa mère Dhaîfa-Khatun) et le frère du « sultan » de Mossoul (Badr-al-Dîn Lûlû, qui régna en son nom personnel de 1233 à 1259). Sur l'assimilation de Mossoul à Ninive, cf. U. Monneret de Villard, Il libro della peregrinazione di frate Ricoldo da Montecroce, pp. 68-70. — Simon ne fait pas allusion à l'arrivée de troupes nombreuses accompagnant Älǰigîdäi : celui-ci, en effet, donna l'ordre de rassembler son armée, en vue de réaliser le plan de conquête qu'il avait eu mission d'exécuter, après son arrivée dans l'Ouest (Juwaini, trad. Boyle, II, p. 512).

morem suum in lactis jumentini potacionibus et in cantibus vel potius ululatibus eidem fecerunt, Tartaros quoque vicinos cum uxoribus ad augmentum solemnitatis convocantes, negocium fratrum aliorumque nunciorum exercitus postposuerunt. Septem quippe diebus continuis commessacionibus ac potacionibus et ululatibus vacaverunt, et in octava die, scilicet sancti Jacobi[1], cum nunciis ac litteris Baiothnoy[q] litterisque chaam quas vocant litteras Dei ad papam transmittendis, fratribus libere et absolute recedendi licentiam concesserunt. Fuerunt autem per annum in eorum dominio, ad ipsos eundo et cum ipsis morando et inde revertendo. Et frater quidem Ascelinus[r] in via illa tota moratus est per annos tres ac septem menses antequam ad dominum papam rediret; frater Alexander et frater Albertus[s] fuerunt cum eo per annos tres et paulo minus[t 2], frater Symon per duos annos et septimanas sex, frater Guicardus[u] qui assumptus est Triphelis[v] per .v. menses. Sunt autem, ut dicunt, ab Acon usque ad exercitum illum Tartarorum in Perside[w] .LIX. diete.

XXXII, 51. — *De literis que a principe Tartarorum ad papam misse sunt*[3].

Exemplum autem littere que a Baiothnoy[a] ad dominum papam missa est, hoc[b] est : « Disposicione divina ipsius chaam[c] transmis-

q. Baiotnoy *B* ; Bayothnoy *D*. — r. Anselmus *D*. — s. Albericus *E*. — t. per annos tres, paulo minus *ABCD*. — u. Guichardus *BD*. — v. Tiphelis *C* ; Tripolis *D*. — w. Persyde *B*.

(51) a. Baiotnoy *B* ; Baiothnoi *C* ; Bayothnoy *D*. — b. hec *A*. — c. ipsius ad chaan *B*.

1. Le 25 juillet 1247.
2. Si on lit *per annos tres, paulo minus*, il faut comprendre « pendant un peu moins de trois ans », ce qui convient assez mal à la solution la plus plausible de l'itinéraire de la mission, formulée par P. Pelliot, et selon laquelle les deux frères en question auraient été tirés de couvents européens, sauf séjour prolongé d'Ascelin en Occident avant son départ. *Per annos tres et paulo minus* paraît signifier, au contraire, « pendant trois ans et un peu moins » [que les trois ans et sept mois que dura le voyage d'Ascelin] : c'est la leçon que donnent, outre *E*, certains manuscrits comme B.N., lat. 16016.
3. P. Pelliot a édité cette lettre et l'a étudiée, ainsi que la suivante, dans *Les Mongols et la Papauté*, t. XXIV, pp. 314-327. Il y a lieu de signaler en outre des éditions antérieures de la lettre de Baiǰu indiquées par lui

sum[1], Baiothnoy[d] verbum, papa ita scias[e]. Tui nuncii venerunt et tuas litteras ad nos detulerunt. Tui nuncii magna verba dixerunt ; nescimus utrum injunxeris eis ita loqui aut a semetipsis dixerunt[f]. Et in litteris taliter scripseras : homines multos occiditis, interimitis et perditis. Preceptum Dei stabile et statutum ejus qui tocius faciem orbis continet ad nos[g] sic est : quicumque statutum audierint[h], super propriam terram, aquam et patrimonium sedeant[i], et ei qui faciem tocius orbis continet virtutem tradant[j]. Quicumque autem preceptum et statutum non audierint sed aliter fecerint, illi deleantur et perdantur. Nunc super hoc istud statutum et preceptum ad vos transmittimus : si vultis super terram vestram[k], aquam et patrimonium sedere, oportet ut tu papa ipse in propria persona ad nos venias et ad eum qui faciem tocius terre continet accedas ; et si tu preceptum Dei stabile et illius qui faciem tocius terre continet non audieris, illud nos nescimus, Deus scit[2]. Oportet ut antequam

---

d. Baiotnoy B ; Baiothnoi C ; Bayothnoy D. — e. scias manque A. — f. dixerunt manque A ; aut a seipsis dixerunt C. — g. vos B. — h. audierit ABC. — i. sedeat ABC. — j. tradat ABC. — k. nostram E.

(par Rémusat, d'Ohsson, le P. Golubovich et — en français — Bergeron), celle donnée par Mosheim, *Historia Tartarorum ecclesiastica*, Helmstadt, 1741, app., p. 42, d'après Raynaldus, *Annales Ecclesiastici*, t. XIII, p. 642.

1. Pelliot suggérait (t. XXVIII, p. 36, note) de corriger *transmissum* en *missi* (en rapportant l'épithète à *Baiothnoy* et non à *verbum*), comme dans la lettre d'Äljigîdäi à saint Louis, où le premier se dit « envoyé par le qaghan roi de la terre », ce qui semble devoir correspondre au mongol *dalai-yin qaghan-u su-dur* (dans la fortune du qaghan universel). Mais la même idée pouvait se rendre en disant que la parole de Baiju faisait écho à la volonté du qaghan ; la correction ne serait donc pas indispensable. De toute façon, le préambule de cette lettre est bien conforme, comme l'a montré Pelliot, à celui des actes mongols que nous connaissons : « Dans la force du Ciel éternel *(disposicione divina)*, dans la fortune du qaghan, Baiju, notre parole (en mongol, *Baiju* [*noian ?*] *ügä manu*), au pape ». Cf. F. W. Cleaves, *The Mongolian documents in the Musée de Téhéran*, dans *Harvard Journal of As. St.*, t. XVI, 1953).

2. Les analogies que cette lettre présente avec celle que Güyük fit remettre à Plancarpin ont été soulignées par Pelliot (*Les Mongols et la Papauté*, t. XXIV, p. 320). Prouvent-elles que la rédaction de la lettre remise à Ascelin fut très influencée par le texte élaboré à l'intention du Franciscain ? Ce n'est pas sûr. Baiju répond à une seule des questions que posait Innocent IV : pourquoi les massacres commis par les Mongols ? Il le fait en invoquant le précepte gengiskhanide de soumission universelle sous peine d'anéantissement. Güyük avait agi de même en ordonnant au pape de venir se soumettre lui-même, et ceci en termes assez voisins :

venias nuncios[l] premittas et nobis significes si venis aut non[m], si velis nobiscum componere aut inimicus esse. Et responsionem precepti cito ad nos transmittas. Istud preceptum per manus Aybeg[n] et Sargis misimus, mense julii, .xx. die lunacionis. In territorio Sitiens castri scripsimus »[1].

XXXII, 52. — *De literis ab imperatore ipsorum ad eundem principem missis.*

Hoc autem est exemplar[a] litterarum chaam ad Baiothnoy[b] quas ipsi Tartari vocant litteras Dei : « Per preceptum Dei vivi, Cingischam[c] filius Dei dulcis et venerabilis dicit quia Deus excelsus super

l. nuncios *manque A.* — *m.* nos *A.* — *n.* per manum Aibeg *C.*

(52) *a.* Hoc est autem exemplum *ABC.* — *b.* Baiotnoy *B ;* Baiothnoi *C.* — *c.* Chingischam *AD ;* Chingiscam *BC.*

« ... Toi en personne, à la tête des rois tous ensemble sans exception, venez nous offrir service et hommage », ce qui correspond au *Oportet ut tu papa ipse in propria persona ad nos venias et ad eum... accedas.* « Et si vous n'observez pas l'ordre de Dieu et contrevenez à ses ordres, nous vous saurons ennemis... Si vous y contrevenez, en quoi en connaîtrions-nous ? Dieu en connaîtra » répond également au *Et si tu preceptum Dei... non audieris, illud nos nescimus, Deus scit* (Pelliot, *Les Mongols et la Papauté,* t. XXIII, p. 24). Mais cette dernière forme est de rigueur dans les lettres aux peuples non soumis (G. Vernadsky, *The scope and contents of Gengiskhan's yasa,* dans *Harvard Journal of Asiatic Studies,* t. III, p. 344) ; l'invitation à venir y est courante. Contrairement à Güyük, Baiǰu ne mentionne ni l'invitation à embrasser le christianisme, ni les griefs particuliers des Mongols contre les Hongrois. La participation d'Älǰigîdäi à l'élaboration de cette lettre ne nous paraît pas très reconnaissable.

1. Aybeg et Sarkis sont les envoyés de Baiǰu, qui arrivèrent auprès du pape à l'été de 1248, et auxquels Innocent IV remit sa réponse le 22 novembre 1248 (*Les Mongols et la Papauté,* t. XXIV, pp. 327 et 330-331). — Le *castrum Sitiens* s'identifie certainement au *Sisian* où le roi Héthoum rencontra Baiǰu en 1255 (*ibid.,* pp. 299-302). Sisian est aujourd'hui une ville de la R.S.S. d'Arménie, située sur le cours supérieur de la Barkouchat, affluent de l'Araxe. Le campement d'été de Baiǰu se trouvait effectivement assez près de Sisian en 1251, où Étienne Orbélian le situe « à l'entrée du Dzage-dzor » (ce vocable désigne la vallée d'un affluent de la Barkouchat, identifiée par H. Hübschmann, *Altarmenischen Ortsnamen,* dans *Indogermanische Forschungen,* XVI, 1904, p. 446 et carte). En hiver, il regagnait la plaine : Rubruck le rencontra en remontant l'Araxe, avant d'arriver à Nakhitchévan, en novembre 1254. — Le vingtième jour de la lunaison de juillet correspondait au 23 juillet 1247 ; la lettre est donc de cette date et non du 20, comme l'a admis Pelliot (p. 326, n. 1).

omnia, ipse est Deus immortalis[d][1] et super terram Cingischam[e] solus dominus[2]. Volumus istud ad audientiam omnium in omnem locum pervenire provinciis nobis obedientibus et provinciis nobis rebellantibus. Oportet igitur te, o Baiothnoy[f], ut excites eos et notifices eis quia hoc est mandatum Dei vivi et immortalis[3]. Inces-

d. ipse Deus immortalis *ABDE*. — e. Chingischam *AB*; Chingiscam *CD*. — f. Oportet igitur te, Baiotnoy *B*.

1. Cette leçon, donnée seulement par la première rédaction du *Speculum*, paraîtl a seule acceptable. Elle est très voisine du préambule de la lettre emportée par Rubruck en 1254 : « Preceptum eterni Dei est : in celo non est nisi unus Deus eternus, super terra non est [nisi] unus dominus, Chingis chan ».

2. La mention, répétée deux fois, du nom de Gengis-khan a embarrassé Pelliot, qui a supposé qu'au début de l'édit, on lisait « Dans la force du Ciel éternel, dans l'appui de la protection de la grande Fortune » et que c'est le terme de « grande Fortune », désignant celle du fondateur de la dynastie, que les interprètes rendaient par *Cingischam*. Les deux mots mongols *qaghan* et *ǰarliq* (« notre ordre ») seraient rendus par *filius Dei* et *dicit*, les mots *dulcis et venerabilis* étant une affabulation due aux traducteurs. Et c'est ensuite que nous trouvons la même formule que celle figurant dans la lettre de Rubruck : Pelliot a pensé que le *Cingischam* que comporte cette formule était une erreur de traduction pour le nom du khan régnant, *Cuiuc cham*. Ceci pour l'édit adressé à Baïju et dont le *Speculum* nous donne le texte. L'explication ne valant pas pour la lettre de Rubruck (Güyük étant mort), Pelliot admettait que c'était l'insuffisance des interprètes employés par ce dernier qui était responsable de l'introduction du nom de Gengis-khan à la place de celui du khan régnant dans la lettre de 1254 (*Les Mongols et la Papauté*, t. XXIV, p. 321). Il nous semble difficile de retenir cette explication : les lettres de Rubruck et l'édit destiné à Baïju ont été traduits dans des conditions très différentes et les traductions sont identiques. Nous préférerions rapprocher cette rédaction de celle des privilèges qui commencent par rappeler une prescription de Gengis-khan, tel celui de Möngkä-Temür pour un prélat russe (1267) ; après l'invocation initiale et l'adresse, l'acte commence ainsi : « Gengis-khan [a dit] : Quel que soit le tribut ou la fourniture de vivres, ils ne doivent pas y être assujettis, dès lors qu'ils prient Dieu sincèrement pour nous et pour notre peuple, et qu'ils nous bénissent ». Ce préambule sert de justification à la décision qui fait l'objet de l'acte et qui s'y réfère (Schurmann, *Mongolian tributary practices*, dans *Harvard Jr. of As. St.*, t. XIX, 1956, pp. 341-346). L'édit de Güyük commencerait aussi, après la formule rituelle *Mongka tängri-yin küčün-dür* (« dans la force du Ciel éternel »), mais sans adresse, par le rappel d'un autre « dit » bien connu du fondateur de la dynastie : « Gengis-khan a dit : Il n'y a qu'un Dieu au ciel et qu'un souverain sur la terre, Gengis-khan ».

3. Nous renverrons ici encore au commentaire de Pelliot (pp. 321-322). Les édits mongols comportant normalement le nom du destinataire immédiatement après le mot *ǰarliq* du préambule, ce texte ne se présente pas

santer quoque innotescas eis super hoc peticionem tuam et innotescas in[g] omni loco hoc meum mandatum[h] ubicumque nuncius poterit devenire. Et quicumque contradixerit[i] tibi venabitur et terra ipsius vastabitur. Et certifico te quod quicumque non audierit hoc meum mandatum erit surdus, et quicumque viderit hoc meum mandatum et non fecerit erit cecus, et quicumque fecerit secundum istud meum judicium, cognoscens pacem et non faciens[j] eam erit claudus[1]. Hec mea ordinacio perveniat ad noticiam cujuslibet ignorantis et scientis. Quicumque ergo audierit et observare neglexerit destruetur, perdetur et morietur. Manifestes igitur istud, o Baiothnoy[k]. Et quicumque voluerit utilitatem domus sue et prosecutus istud fuerit et voluerit nobis servire, salvabitur et honorabitur. Et quicumque audire istud contradixerit, secundum voluntatem tuam faciens, eos *(sic)* corripere[l] studeas. » ⟨Hec de Tartarorum gestis et itinere fratrum Predicatorum atque Minorum ad exercitus eorum ad presens dicta sufficiat[m].⟩ [2]

---

g. in *manque C.* — *h.* hoc meum esse mandatum *A.* — *i.* contraxerit *E.* — *j.* facit *CD.* — *k.* Baiotnoy *B ;* igitur o istud, o Baiothnoy *A.* — *l.* corrigere *A.* — *m.* sufficiant *A.*

comme les « mandements » habituels, mais bien comme un édit de portée générale adressé à tous les peuples soumis ou rebelles, et communiqué au chef de l'armée de Perse pour qu'il le fasse connaître et exécuter, comme il pouvait l'être aux chefs des autres armées. A notre sens, ce pourrait très bien être l'édit qu'Äljigîdäi apportait à Baiǰu : c'est en cette fin du printemps de 1247 que Güyük décidait de reprendre la politique d'expansion arrêtée par la mort d'Ögödäi quelques années plus tôt, et envoyait Sübötäi en Chine et Äljigîdäi en Perse (sans doute aussi quelque autre commissaire en Russie), avec des ordres en vue de la reprise des campagnes militaires. L'édit dont nous avons la traduction, et qu'Aybeg et Sarkis furent chargés de porter au pape, pourrait donc être le texte même de la décision du grand conseil mongol, faisant office d'ultimatum lorsque les généraux des diverses armées l'auraient fait connaître aux peuples non encore soumis.

1. Sur ces formules de menace, qu'on retrouve dans la lettre de Rubruck, cf. Pelliot, p. 323, n. 2.

2. Bien que Vincent de Beauvais indique ainsi qu'il termine ses extraits relatifs aux Tartares et à la mission des Dominicains et Franciscains de 1245, nous pensons que le chapitre suivant (53) provient encore de Simon, son informateur habituel pour la Turquie, qui eut le temps de recueillir ce récit avant son départ pour l'Occident, l'événement dont il est question datant de juin 1247. Ce n'est qu'au chapitre 54 que Vincent annonce un nouvel informateur.

XXXII, 53. — *De quibusdam miraculis*
per signum crucis inter Turcos exhibitis.

Anno prenotato, scilicet ab incarnacione Domini .MCCXLVII., mense junio, accidit miraculum quoddam apud Yconium[a] in loco communi ubi crux erat sculpta in quodam palacio. Quidam enim joculator ibidem stabat et in facie omnium astantium cum urso ludebat[b]. Ursus autem levato crure super crucem prope ipsum insistentem[c] minxit statimque videntibus omnibus ibidem expiravit. Cumque christiani astantes super id quod acciderat Deum benedicerent atque laudarent[d], quidam Saracenus indignatus est valde quod ibi super miraculo facto[e] Christum[f] attolebant. Ideoque accedens in impetu tanquam in contemptum[g] ipsius crucis et christianorum cum manu crucem percussit statimque brachium ejus cum tota manu qua illam percusserat totaliter exaruit. Iterumque Saracenus quidam alius ebrietati vacans illamque christianorum admiracionem et laudem vilipendens quasi furiosus a potacione surrexit et in contemptum Christianitatis super crucem mingere volens morte subitanea percussus interiit. Sicque christianorum multitudine Deum magnificante super tribus miraculis jam ibidem stensis, quidam Grecus inspiratione divina inflamatus accessit ado bajulum civitatis rogans ut illum locum immundum et abhominabilem ei venderet, in quo ad honorem Dei et sancte Crucis ecclesiam edificaret, pro quo etiam, si[h] ipsum ei concederet, promisit quod .xxii. milia soldanorum soldano daret. At vero kaldinus[i] [1], Turcorum episcopus, cum audiret quod sic habere[j] locum illud appeteret christianus, impedivit quibus modis potuit[k] omnibus.

(53) *a.* apud quoddam Ychonium *C.* — *b.* ludebebat *C.* — *c.* insistente *D.* — *d.* atque laudarent *manque A.* — *e.* factum *ABDE.* — *f.* christianam *A.* — *g.* conceptum *B.* — *h.* si *manque C.* — *i.* Kaladinus *ABC ;* Balduinus *D.* — *j.* haberet *B.* — *k.* quibus potuit modis *ABC.*

1. Le mot de *qâdi* est orthographié *cadius* dans le chapitre XXXI, 141. Il est curieux que Simon de Saint-Quentin ait employé deux formes aussi distinctes pour le même mot ; mais ce seul indice ne nous paraît pas suffisant pour rejeter l'attribution de ce passage à son *Historia Tartarorum.*

INDEX NOMINUM

Les renvois sont faits à la forme la plus habituellement employée par les historiens. L'astérisque à la suite d'un numéro de page indique que le mot fait l'objet d'une note.

A

Acre, *Acon*. Distance depuis le camp mongol, 113. — Auj. *Akko*, Israël.

Adalia, *Satellia*, 67, 82, 89 ; — golfe d'– *(goufra Satellie)*, 67. — Auj. *Antalya*, Turquie, ch.-l. de vilayet.

[Adhémar de Monteil], *episcopus del Pui*. Légat à la 1re croisade, 72.

Aïntab, *Danthape*. Seigneur, 71*. — Auj. *Gaziantep*, Turquie, ch.-l. de vilayet.

Alanie, *Alania*. Conquête par les Mongols, 76. — Contrée située au nord du Kouban.

'Alaya, *la Candalour, Candelaria, Candelour*, 67, 72, 81. — Auj. *Alanya*, Turquie, vilayet Antalya.

Albert, *frater Albertus*. Dominicain, envoyé aux Mongols, 113.

Alep, *Alapia, Halapia*. Sultan, 70, 112* ; — territoire, 98. — *Alep*, Syrie.

Alexandre, *frater Alexander*. Dominicain, envoyé aux Mongols, 113.

Alexandre le Grand. Constructeur légendaire des Portes d'Alexandre, 55*.

Älǧigîdäi, *Angutha*. Chef mongol, envoyé en Perse, 110*, 111, 112.

Allemagne, *Theutonia*, 77.

Allemands, *Theutonici*, 33 ; — pèlerin allemand, 66.

Amman, *Haamant*. Sultan, 71*. — *Amman*, Jordanie.

Angleterre, *Anglia*, 69.

Ani, *Ani*. Prise par les Mongols, 59*. —

Ani, ville ruinée, Turquie, vilayet Kars.

Antioche, *Antiochia*, 57, 58, 93 ; — patriarche, 57, 58 ; — prince, 88. — Auj. *Antakya*, Turquie, vilayet Hatay.

Aqsaraï. Identification proposée pour *Hacsar*, 69. — *Aksaray*, Turquie, vilayet Nigde.

Aqshehir, *Achsar*, 78 ; — identification proposée pour *Hacsar*, 69. — *Akşehir*, au pied du Köse-Dagh, en Turquie, vilayet Sivas.

Ararat, *mons Arath*, 59. — Montagne d'Arménie.

Araxe, *flumen Arathosi*, 59. — Fleuve d'Arménie.

Arménie, *Armenia major*, 30, 37, 57, 87 ; — conquête par les Mongols, 59.

Arménie (Petite-), *Armenia minor*, 37 ; — — érection en royaume, 87*, 88 ; — soumission à l'Église de Rome, 87*, 88 ; — aux Mongols, 86* ; — aux Turcs, 70 ; — connétable : voir Sempad ; — régent : voir Constantin ; — roi : voir Héthoum, Léon.

Arméniens, *Armeni, Armenii*, 98, 99 ; — détestent les Mongols, 52 ; — défendent une maison forte contre les Turcomans, 63 ; — participent à l'invasion de la Turquie, 78 ; — leurs rites, 60, 61*, 62*.

Ascelin (de Crémone ?), *frater Ascelinus*. Dominicain, envoyé aux Mongols, 21, 94*, 95, 96, 97, 100, 103, 104, 105, 106, 107, 108, 111, 113.

L

Labigarme. Voir Therma.

Lampron, *Lambrum.* Voir Constantin. — Auj. *Namrun*, Turquie, vilayet Mersin.

Latins. Voir Francs.

Lebena, non ident., en Turquie. Mine d'argent, 68.

Léon Ier, roi d'Arménie. Son usurpation et son élévation à la royauté, 87, 88, 89.

Losyr. Voir Shams al-Dîn.

Louis IX, roi de France. Devrait débarquer en Turquie, 81.

M

Macédoniens. Voir Alexandre.

Mages (les rois), supposés originaires de Néocésarée, 68.

Magog, nom biblique, attribué au frère de Güyük, 92.

Mahomet (loi de), proclamée dans l'armée mongole, 47 ; — en Petite-Arménie, 70.

Maiyafariqin, *Monfalquin, Monferanquin*, 67 ; — son seigneur, 71. — Auj. *Silvan*, Turquie, vilayet Diyarbakir.

Manuel Comnène, empereur de Byzance, vaincu à Myriokephalon, 80.

Mar Barsauma, *Sanctus Braisamus*, 68. — Monastère près de Gargar (auj. *Gerger*, Turquie, vilayet Malatya).

Mardin, *Meredin.* Seigneur, 71. — *Mardin*, Turquie, ch.-l. de vilayet.

Mayence (archevêque de), *Mogontinus.* Voir Conrad.

Méditerranée (mer). Sert de borne à l'empire mongol, 52, 93, 105.

Mélitène, *Meledeme, Meledini, Melerdin*, 67 ; — seigneur, 71. — Auj. *Malatya*, Turquie, ch.-l. de vilayet.

Moghan, *Mongan.* Campement d'hiver des Mongols, 59, 85 ; — Plaine sur le cours inférieur de la Koura.

Mongli, Mongol. Véritable nom des Tartares, 92.

Montfort, *Mons fortis.* Voir Philippe. — *Montfort-l'Amaury* (Seine-et-Oise).

Mosoth, nom biblique, assimilé à celui des Mongols, 92.

Mossoul, *Mosoul.* Sultan, 112. — *Mossoul*, Irak.

Musulmans, *Solimani.* Voir Sarrasins.

N

Nakhitchévan. Identification proposée pour *Ladivine*, ville d'Arménie, 59*. — *Nakhitchévan*, R.S.S. Azerbeidjan, ch.-l. d'une région autonome.

Néocésarée, *Nixaria*, 68. — Auj. *Niksar*, Turquie, vilayet Tokat.

Ninive, identifiée à Mossoul, 112.

Noé, 59 ; — relique de l'arche, 60*.

Noire (mer), *Ponticum mare*, 76, 105.

O

[Oghul-qaïmiš], femme de Güyük. Son intronisation, 91.

Ögödäi, grand-khan des Mongols, *Chagadagan.* Son trésor, 91.

Othon de Brunswick, empereur, *Otho.* Aurait envoyé la couronne royale à Léon Ier d'Arménie, 87*.

P

Papa, *Papa.* Prince géorgien, participe à l'invasion de la Turquie, 78*.

Paparoissole. Voir Baba Ishâq.

Paul (saint). Originaire de Tarse, 86.

Persans, *Persae*, 99 ; — l'un d'eux vizir en Turquie, 82 ; — notaires à la cour de Baiǰu, 106 ; — informent les Dominicains de Tiflis, 55.

Perse, *Persis*, 36, 38, 46 ; — envahie par les Khwârizmiens, 53 ; — par les Mongols, 54 ; — résidence d'une armée mongole, 93, 95, 113.

Philippe de Montfort, seigneur de Tyr. Ses droits au trône d'Arménie, 89.

Philomelion, *Finemigle*, 67. — Auj. *Akşehir*, Turquie, vilayet Konya.

Pierre (saint). Invoqué comme source de l'autorité du pape, 105.

Plaisance. Lieu d'origine d'un mercenaire franc appelé *Placentinus*, 74. — *Piacenza*, Italie.

Pologne, *Appolonia, Polonia.* Invasion par les Mongols, 76.

Portes d'Alexandre, dans les monts Caspiens, 55.

Provençal, *Provincialis.* Surnom d'un mercenaire franc, 86.

V

Z

INDEX RERUM

TABLE DES MATIÈRES

ACHEVÉ D'IMPRIMER SUR LES
PRESSES DE L'IMPRIMERIE
DARANTIERE A DIJON, LE
QUINZE MAI M.CM.LXV